Psychologie et vie quotidienne :
Comprendre pour mieux vivre

Relations, amour et dynamiques familiales

Volume I

Kouma Daouda

Copyright © 2025 Kouma Daouda

Aucune partie de cet ouvrage ne peut être reproduite, distribuée ou transmise sous quelque forme ou par quelque moyen que ce soit, y compris par photocopie, enregistrement ou autres procédés électroniques ou mécaniques, sans l'autorisation écrite préalable de l'éditeur et de l'auteur, à l'exception de brèves citations incorporées dans des comptes rendus critiques ou à d'autres fins non commerciales autorisées par la législation sur le droit d'auteur.

Éditeur: Upway Books
Auteur: Kouma Daouda
Titre: Psychologie et vie quotidienne : Comprendre pour mieux vivre Relations, amour et dynamiques familiales, Volume I
ISBN: 978-1-917916-81-3
Couverture réalisée sur Canva: www.canva.com

Cet ouvrage est un ouvrage de non-fiction. Les informations qu'il contient sont fondées sur les recherches, l'expérience et les connaissances de l'auteur au moment de la publication. L'éditeur et l'auteur ont déployé tous les efforts nécessaires pour garantir l'exactitude et la fiabilité des informations fournies, mais déclinent toute responsabilité en cas d'erreurs, d'omissions ou d'interprétations divergentes du contenu présenté. Cette publication n'a pas pour vocation de se substituer aux conseils ou consultations d'un professionnel qualifié. Les lecteurs sont encouragés à solliciter l'avis d'un spécialiste lorsque cela s'avère approprié.

contact@upwaybooks.com
www.upwaybooks.com

TABLE DES MATIERES

NOTE AU LECTEUR 5

AVANT-PROPOS 7

INTRODUCTION GENERALE 11

CHAPITRE I : AMOUR, AMITIÉ ET SEXUALITÉ 13

CHAPITRE II : DÉCEPTION SENTIMENTALE 17

CHAPITRE III : INFIDÉLITÉ 25

CHAPITRE IV : DIVORCE 31

CHAPITRE V : ADOPTION D'ENFANTS 39

CHAPITRE VI : COMMENT DEVIENT-ON PARENT ? 45

CHAPITRE VII : SOLITUDE ET ISOLEMENT AFFECTIF 55

CHAPITRE VIII : INCESTE 65

CHAPITRE IX : EXCISION 69

CHAPITRE X : HOMOSEXUALITÉ 75

CHAPITRE XI : PROSTITUTION 81

CONCLUSION GENERALE 91

BIBLIOGRAPHIE 95

NOTE AU LECTEUR

Cet ouvrage a été élaboré pour répondre à un besoin croissant : rendre la psychologie accessible à tous. Dans notre société burkinabè en pleine mutation, les défis humains et sociaux sont nombreux : familles désunies, chômage des jeunes, pressions scolaires, violences en milieu scolaire et familial, nouvelles addictions, stress au travail, et souffrance psychologique liée aux crises sociales et sécuritaires. Face à ces réalités, la psychologie ne doit plus être considérée comme un luxe réservé aux spécialistes ; elle devient un outil essentiel de compréhension et de prévention pour chaque citoyen.

Ce livre est le premier volume d'une série de six (6) volumes portant sur des thématiques vairées.

Le présent volume porte sur la **psychologie de l'amour, de la famille et des relations.**

Ce livre ne nécessite pas une lecture linéaire de la première à la dernière page. Il peut être abordé de plusieurs manières :

• De manière thématique, en se dirigeant directement vers le sujet qui vous intéresse ou qui vous concerne.

• De façon continue, en parcourant tout le chapitre pour obtenir une vision globale de la psychologie des **émotions, des relations** et de la sexualité de la vie quotidienne.

Chaque chapitre est présenté dans un langage simple et clair, illustré par des exemples ancrés dans la réalité burkinabè, afin que chacun puisse s'y identifier. Les analyses proposées ne sont pas des solutions toutes faites, mais plutôt des clés de lecture pour mieux comprendre les comportements humains et initier des changements positifs.

Cet ouvrage s'adresse ainsi à un large public :

• Aux familles et aux parents, pour mieux accompagner leurs enfants et comprendre les dynamiques relationnelles.

• Aux jeunes, confrontés aux enjeux scolaires, affectifs et sociaux.

• Aux travailleurs et responsables d'équipes, soucieux de prévenir la souffrance professionnelle.

• Aux enseignants, éducateurs, agents de santé et acteurs sociaux, qui y trouveront des repères utiles pour leur pratique.

• Enfin, à toute personne désireuse de mieux se connaître et de comprendre les autres.

Notre ambition est simple : intégrer la psychologie dans la vie quotidienne, comme un levier de compréhension, de prévention et de mieux-être.

AVANT-PROPOS

Il y a quelques années, je n'aurais jamais imaginé que ma voix, chaque semaine sur Ouaga FM, deviendrait un rendez-vous attendu par des milliers de personnes à Ouagadougou et au-delà, à travers l'émission « Espace Psychologie ». Ce qui n'était au départ qu'une simple émission interactive d'une heure, dédiée à la psychologie et au bien-être, s'est progressivement transformé en un espace de confidence, d'apprentissage, mais surtout d'humanité.

Pendant quatre années, j'ai écouté des histoires de vie, des souffrances qui m'ont touché ; j'ai entendu des questions directes, sincères, profondes ; j'ai ressenti à travers chaque appel une immense soif de compréhension, de soutien et de repères. J'ai compris la nécessité de démystifier la psychologie dans notre pays. Elle ne doit plus être un luxe réservé aux spécialistes ; elle est un besoin vital, au cœur de nos familles, de nos relations, de nos épreuves quotidiennes.

Ce livre est en quelque sorte une réponse à vos questions, à vos témoignages, à vos besoins immenses d'informations psychologiques pour guider vos vies.

Chaque semaine, vous m'avez rappelé une vérité simple : nous avons tous besoin d'être compris, rassurés, guidés. Nous avons tous besoin de mots qui éclairent, de conseils qui apaisent, d'explications qui nous aident à traverser nos difficultés. C'est ce que j'ai tenté de faire à la radio... et c'est ce que je souhaite prolonger à travers ces pages.

J'ai voulu transformer l'esprit de l'émission en un ouvrage accessible, clair et profondément enraciné dans les réalités de la vie au Burkina Faso et en Afrique. Ici, vous retrouverez les thèmes qui reviennent le plus souvent dans vos appels : l'amour, l'amitié, les ruptures douloureuses, l'éducation des enfants, la souffrance au travail, le deuil, la solitude, la sexualité, l'anxiété, la délinquance, la famille, la spiritualité, et tant d'autres.

Ce livre n'a pas la prétention de tout expliquer, encore moins de remplacer une consultation psychologique. Son ambition est plus humble :
- partager,
- accompagner,
- ouvrir la voie,
- et offrir un espace de réflexion à chacun.

Je l'ai écrit avec le même esprit que l'émission : celui de la simplicité, de la proximité et de la bienveillance.

À vous, auditrices et auditeurs fidèles, ce livre est un prolongement de notre conversation radiophonique.

À vous, lecteurs d'aujourd'hui, j'espère qu'il sera une lumière, un soutien et parfois un miroir bienveillant.

Merci de m'avoir inspiré ces pages.

Merci de continuer le dialogue avec moi, autrement, avec le premier volume de cette série de six (6) volumes revisitant les thématiques abordés lors de mes émissions.

Je tiens à exprimer, ici toute ma reconnaissance et ma gratitude à Joachim BAKY fondateur du groupe EDIFICE, dont Ouaga FM est une filiale, pour sa confiance à la psychologie et à ma modeste personne dans les années 2010, sans aucune garantie sur l'audience, de 2010 à 2013, nous avons vécu une belle aventure.

Ce livre n'aurait pu être écrit, tout au moins sous cette forme, sans cette bienveillance de mon frère et ami Joachim BAKI. Merci.

INTRODUCTION GENERALE

La vie quotidienne est faite d'évènements heureux, mais aussi de difficultés et de souffrances qui touchent chacun d'entre nous, directement ou indirectement, de façon passagère ou de façon durable. Dans nos relations familiales, amicales, professionnelles, autant pour les adultes que pour les enfants, nous sommes confrontés à des expériences susceptibles d'ébranler notre équilibre individuel et collectif. Y prêter une attention permet d'anticiper, de s'adapter et surtout de se départir de certaines réalités et ainsi assurer un mieux-être en société. La psychologie est capable donner du sens, à éclairer nos comportements, nos émotions et nos relations.

Partout dans le monde et particulièrement au Burkina, la psychologie a un rôle de premier plan à jouer afin que les populations soient éclairées, à tous les niveaux, les problématiques individuelles, de familles, de l'école, de la profession, de la société. Elle n'est pas réservée aux seuls spécialistes ou aux patients en consultation. Elle s'adresse aussi bien aux parents désireux de mieux accompagner leurs enfants, qu'aux jeunes confrontés aux défis scolaires et sociaux, aux travailleurs exposés au stress et au chômage, ou encore aux familles vivant des bouleversements tels que l'inceste, l'infidélité, le divorce ou l'homosexualité.

Cet ouvrage a été conçu comme un guide accessible à tous. Il ne remplace pas la consultation auprès d'un psychologue, mais propose des clés de compréhension et de réflexion sur des thèmes variés qui jalonnent notre existence : amour, amitié, sexualité, solitude, réussite scolaire, souffrance au travail, cyberdépendance, violences familiales, deuil, adoption, handicap, stress, mais aussi des questions sensibles comme l'excision, l'inceste, la délinquance ou encore la prostitution.

L'objectif est double :

- **Informer et sensibiliser** en présentant de manière claire les apports de la psychologie.

- **Accompagner et orienter** chacun dans ses choix, en offrant des pistes de réflexion et parfois des conseils pratiques.

L'approche choisie est volontairement **pédagogique et contextualisée**, afin que chaque lecteur puisse se reconnaître dans les situations présentées. Les réalités évoquées proviennent de notre quotidienneté burkinabè.

Nous espérons que ce parcours au cœur des thématiques humaines et sociales vous aidera à mieux comprendre vos propres expériences et celles des autres, et qu'il vous donnera le goût d'approfondir encore davantage la découverte de la psychologie.

CHAPITRE I : AMOUR, AMITIÉ ET SEXUALITÉ

L'amour, l'amitié et la sexualité sont au cœur de l'expérience humaine. Ces aspects nourrissent nos émotions. Ils donnent un sens à nos liens. Et ils influencent également notre équilibre psychologique.

Cependant, au Burkina Faso comme ailleurs, ces thèmes sont parfois voilés par des tabous. Certains les voient dans des non-dits. Beaucoup se retrouvent enveloppés dans divers malentendus. Une telle compréhension de ces circonstances, lorsqu'elle est étayée par la psychologie, permet à chacun de naviguer plus habilement dans ses relations. De plus, elle sert à préserver le bien-être affectif.

L'amour, l'amitié et la sexualité ont pour points communs des sentiments tels que l'intimité, le respect et l'attirance.

Il y a tout de même des différences à établir entre ces trois réalités.

L'amitié repose sur un lien émotionnel fort et une confiance mutuelle.

L'amour va plus loin que l'amitié en faisant appel à l'attirance physique et à un engagement plus profond.

La sexualité est une dimension naturelle de la vie humaine. Elle ne se réduit pas à l'acte sexuel, mais exprime aussi la tendresse, la complicité et la confiance entre deux personnes.

Ces trois dimensions ne sont pas séparées. Un couple solide est souvent basé sur une amitié profonde et une sexualité équilibrée. L'amitié prépare à l'amour durable, et l'amour épanoui nourrit une sexualité respectueuse.

L'amitié, l'amour et la sexualité sont des aspects relationnels humains distincts mais souvent liés, en ce sens que l'amitié se caractérise par une connexion émotionnelle et un soutien mutuel, l'amour implique une intimité plus profonde, un engagement et une exclusivité, et la sexualité est une dimension physique de l'intimité qui consolide l'amour et crée la complicité.

Dans la relation amoureuse, la sexualité est centrale et l'amitié est parfois sous-estimée, alors qu'elle est essentielle pour l'équilibre psychologique. Un ami véritable est celui qui écoute sans juger, encourage dans les moments difficiles et partage les joies et les peines.

L'amitié suppose la confiance, l'égalité et le respect mutuel. L'ami est celui qui partage nos secrets et qui peut nous assister en toute circonstance. En somme, l'amitié exige l'égalité, la réciprocité et surtout une communication saine.

Au Burkina Faso, où les relations communautaires et la solidarité jouent un rôle central, l'amitié est non seulement un lien personnel, mais aussi un pilier du tissu social.

Il faut souligner que les sentiments amoureux peuvent intervenir au cours d'une relation d'amitié, surtout si les bases de départ n'étaient pas saines. Aussi, il convient de noter qu'un couple idéal, à un moment donné bascule vers la complicité, l'amitié. Avec le temps, avec l'assistance mutuelle , la relation amoureuse se bonifie et tend vers la relation d'amitié.

En d'autres termes dans une famille où règnent la communication saine, la compréhension mutuelle et de façon générale le bien-être, au fur et à mesure de l'évolution du temps les membres de la famille deviennent des amis , à commencer par les parents et entre les parents et les enfants.

Cela n'est n'est que possible que lorsque la famille passe beaucoup de temps ensemble et mène plusieurs activités ensemble. Ainsi, les membres se donnent des idées, des conseils, etc..

L'idéal, à un certain moment donné, c'est le souhait, il faut que l'amitié vienne se greffer à l'amour, qui est le point de contact entre les deux. Comme on le dit, l'amitié vient imprégner les relations tendres et prendre le relais sur la sensualité.

Il est dit souvent au Burkina en faisant allusion au mariage traditionnel, que « le mari est aussi l'ami de la femme ». Derrière cette sagesse, se cache une vérité psychologique : la complicité amicale renforce l'amour et protège le couple des conflits.

Il convient de retenir :

- L'amour se construit jour après jour, il ne suffit pas de le « sentir ».
- L'amitié véritable est un soutien indispensable pour le bien-être.

La sexualité est un langage d'intimité qui doit être libre, responsable et respectueuse. Parler de sexualité, c'est parler de plaisir, mais aussi de respect, de communication et de confiance. L'épanouissement intime ne dépend pas uniquement de la performance physique, mais surtout de la capacité à créer une relation harmonieuse avec son partenaire.

CHAPITRE II : DÉCEPTION SENTIMENTALE

Aimer, c'est prendre le risque de souffrir. Les chagrins d'amour et les ruptures font partie des expériences les plus douloureuses de la vie. Ils laissent souvent un sentiment de vide, de désarroi et parfois d'échec.

Au Burkina Faso, les liens sociaux et familiaux sont très forts. Une séparation peut donc être d'autant plus douloureuse. Elle ne touche pas seulement deux cœurs, mais aussi leurs familles et leurs communautés. Ces liens solides apportent de la force dans les moments difficiles. Pourtant, l'épreuve d'une rupture peut vraiment affecter les familles ; tout le monde est impliqué dans votre vie amoureuse, qu'il le veuille ou non.

Cependant, il est tout à fait possible de surmonter une rupture. Contre toute attente, une telle expérience peut vous permettre de grandir. Vous pourriez même vous épanouir considérablement en tant que personne. Au début, il peut sembler impossible, voire insurmontable, de s'en remettre. Mais le temps guérit tout. Très vite, vous vous épanouirez personnellement.

La déception est un sentiment ou un état qui découle d'un échec ou d'attentes non satisfaites. Elle peut entraîner un certain stress psychologique. Elle est susceptible de provoquer des réactions négatives au fil du temps.

On parle de « déception amoureuse » lorsqu'une personne qui nous est chère nous déçoit profondément. Les ruptures ou les infidélités sont très difficiles à vivre pour tout le monde. Il peut également s'agir d'un amour non réciproque. De tels événements, ou même de simples trahisons, peuvent provoquer une déception. La souffrance en est donc la principale conséquence. Un sentiment durable de trahison s'ensuit souvent.

Quand les déceptions amoureuses se répètent, c'est la confiance en soi et l'estime de soi qui en prennent un coup. L'avenir amoureux des personnes qui ont multiplié les déceptions amoureuses est alors fragile car leur vision de l'amour a été abîmée.

Il convient bien sûr de noter que la déception émotionnelle varie en fonction de la cause. Plus la déception est profonde, plus elle peut être douloureuse. Nous pouvons classer les ruptures amoureuses en trois catégories : vivre la rupture, mettre fin à la relation soi-même ou décider ensemble de se séparer. S'ensuit une période très émotionnelle où la colère et la tristesse se mêlent, et où vous vous sentez complètement dépassé et le cœur brisé. Dans cet état d'esprit, tout s'écroule ; votre monde semble s'effondrer, peut-être trop rapidement.

Cette étape s'expliquait alors, entre autres, par l'attachement à l'autre. Elle s'accompagnait du sentiment de tout perdre d'un seul coup. Et cela a son importance, surtout si le couple a passé de nombreuses années ensemble. Car nous comptions beaucoup sur cette personne, naturellement. Nous nous sentions liés à quelqu'un, oui. Mais à un certain moment, compte tenu de certains événements, on est déçu.

Face à une rupture amoureuse, chaque individu réagit à sa manière. L'anxiété et les symptômes de dépression font très souvent, partie du processus. Il est possible que votre rupture se déroule de manière assez simple et facile, voire avec élégance, et que les bons sentiments restent intacts, alors envisagez cette possibilité, peut-être ? Que le chemin vers la guérison soit sinueux ou court, il comporte des hauts et des bas.

Autrement dit, il n'est pas évident de sortir indemne d'une relation amoureuse, surtout si les relations étaient profondes et réciproque. Il arrive que des personnes s'y disent, je ne vais plus établir des liens sentimentales avec qui que ce soit. Un déçu amoureux peut se recroqueviller sur lui-même.

La personne déçue peut faire une compensation avec le travail, ne plus penser qu'au travail. La personne vit pour le travail, travaille durement, rentre tard. La personne ne s'occupe plus de ses sentiments. En ce moment, cela veut dire que la personne trouve un système de compensation. N'ayant plus de raisons, de s'investir émotionnellement ailleurs, la personne se focalise totalement sur le travail.

Mais ce qu'il faut qu'on arrive à dire, c'est qu'une déception sentimentale fait partie de la vie. Il faut se dire que cela peut arriver à tout un chacun.

Mais seulement, la déception sentimentale peut entraîner les troubles de comportement, tel que l'agressivité. Après une déception sentimentale, quelqu'un peut devenir soudainement agressif.

A la suite de déception amoureuse fréquente, une personne peut s'installer dans un processus de généralisation. La personne peut se dire que tous les hommes ou toutes les femmes sont les mêmes. Par exemple, un homme qui a été déçu plusieurs fois par des femmes va dire que les femmes sont toujours toutes les mêmes.

Un trouble de comportements possibles, c'est le fait de s'enfermer. De s'enfermer sur soi-même. De de ne plus participer à des activités de détente, des activités de loisir, des événements heureux, des événements malheureux de son entourage social et/ou professionnel.

Une des conséquences peut même aller jusqu'à des troubles de comportements comme l'alcoolisme. La personne peut s'adonner à l'alcool pour essayer de tasser ses souffrances, ses peines. Tout comme, la personne peut au contraire s'inscrire dans un registre de vengeance.

A la suite d'une déception sentimentale, il convient de prendre le temps d'analyser la situation. En tout cas, d'y voir clair, de savoir pourquoi.

Et si c'est de notre faute. Parce que cela peut être de notre faute aussi. Une série de déceptions, c'est qu'on doit avoir une part de responsabilité.

Peut-être que nous avons des comportements qui ne sont pas des comportements recommandés. Peut-être que nous avons des attitudes qui ne sont pas des attitudes puis qui permettent de maintenir des relations durables.

Nous devons faire une introspection pour poser la question est-ce que nous n'avons pas une part de responsabilité. En tout cas, il faut se donner le temps de peser le pour et le contre de comprendre, de tirer des leçons avant de chercher, à nouer de nouvelles relations, à partir du bon pied, de renouer de nouvelles relations avec les autres.

Dans notre contexte, lorsqu' une déception survient, l'homme se pose beaucoup de questions sur son autorité, sur sa suprématie, sur sa puissance, la remise en cause de son ego. En tant qu'homme, il accepte difficilement qu'une femme l'a quitte et que c'est le contraire qui est courant et admissible culturellement. On m'a abandonné, comme un chiffon, on m'a pressé, et puis on m'a abandonné.

Alors quand c'est une femme, c'est vrai que la femme aussi vit, cette colère, mais assez souvent, la femme en parle souvent à son entourage. Et un homme, n'ose pas trop en parler à son entourage. Parce que c'est comme si, pour l'homme s'exposait au jugement des autres. C'est comme si sa vie, sa faiblesse était étalée sur la place publique. Alors que pour une femme, entre femmes, on ne tait pas facilement ces choses-là. Par exemple, une femme peut dire facilement. Vous savez, le monsieur que je vous ai présenté la fois dernière, on n'est plus ensemble. Tu sais pourquoi? L'autre jour, on devait se voir, il m'a planqué, c'est fini entre nous.

Une déception amoureuse affecte l'humeur de telle sorte qu'elle devient triste malgré nos efforts pour que les autres ne s'en rendent compte. Même quand on veut bien cacher, ces choses-là, on ne peut pas les cacher pendant très longtemps.

Les enfants sont très sensibles à cela. Les enfants le découvrent. Et forcément, assez souvent, on devient agressif vis-à-vis de soi-même, mais vis-à-vis des enfants aussi. Cela peut jouer sur l'éducation des enfants.

Assez souvent, quand c'est comme cela, l'homme ou la femme, nous avons tendance à rentrer tard à la maison.

Dans tous les cas, lorsque la rupture est inéluctable, il ne faut pas hésiter à couper rapidement le lien afin d'éviter les complications. Mais la question à se poser à ce moment précis est de savoir comment dépasser cette déception sans se hair ou se jeter la faute. Pour cela, il faut commencer à faire le deuil de sa relation, apprendre à vivre sans lui ou elle, à désacraliser son image.

On voit souvent des gens prendre un partenaire tout de suite après la fin de leur histoire. Généralement, ce type de relation ne marche presque jamais, car la plaie n'est pas encore cicatrisée.

Pourquoi la rupture fait-elle si mal ?

Une rupture, ce n'est pas seulement perdre quelqu'un que l'on aime. C'est aussi une perte d'un projet de vie commun, qui impliquait peut-être le mariage, des enfants. Un avenir à deux s'est envolé, ne laissant derrière lui qu'un sentiment de crainte et de regret.

Le sentiment de sécurité émotionnelle et de réconfort a également disparu, remplacé par une douloureuse solitude. Se sentir aimé et soutenu n'est plus qu'un souvenir.

Une rupture signifie également perdre une partie de soi-même, car nous nous définissons à travers nos relations.

C'est pourquoi elle provoque des réactions intenses : tristesse, colère, jalousie, culpabilité, voire un sentiment d'abandon.

Il est important se savoir que l'on peut toujours surmonter une déception amoureuse, en suivant les principes suivants :

- Accepter la douleur : Il est tout à fait normal de souffrir après une séparation. Essayer d'aller de l'avant trop rapidement pourrait en réalité prolonger votre souffrance. Alors ne le faites pas.

- Exprimer ses émotions : Parler à un ami en qui vous avez confiance peut vous aider, tout comme écrire vos sentiments ou pleurer pour libérer vos tensions intérieures. Cela vous fera du bien, honnêtement.
- Prendre du recul : Réalisez qu'une rupture n'est pas toujours un signe d'échec, mais peut-être l'occasion de vous libérer d'une relation inéquitable avec une personne.

Beaucoup de gens trouvent une nouvelle force intérieure après une rupture, ce qui est une bonne chose. C'est ce qu'on appelle la résilience. Cela signifie transformer la douleur en croissance. Une rupture peut mener à une meilleure connaissance de soi. Votre estime de soi pourrait s'améliorer. Cela permet également aux gens d'aborder les relations futures différemment, peut-être avec plus de prudence.

Les déceptions amoureuses et les ruptures marquent souvent une période difficile de la vie, c'est certain. Mais elles ne représentent jamais la fin, loin s'en faut. Elles donnent aux gens une chance de se reconstruire. C'est là que l'on donne un nouveau sens à son existence et que l'on prépare le terrain pour une relation future plus saine. La clé, je crois, est de ne pas rester coincé dans le passé, c'est certain. Ouvrir la porte aux possibilités de bonheur et d'amour est quelque chose que l'on doit s'efforcer de faire, vous voyez.

Une rupture peut être très douloureuse, et c'est compréhensible. Ne minimisez pas cette douleur, car elle est réelle. Vous ressentez des émotions intenses, et c'est tout à fait normal. Les sentiments intenses font partie intégrante du processus de guérison, ou plutôt, du processus qui vous permettra de vous sentir mieux.

Cette expérience est difficile, personne ne le nie. Cependant, la fin d'une relation n'est pas nécessairement un échec, croyez-le ou non, peut-être que la rupture marque le début de quelque chose d'autre : quelque chose de merveilleux, même ! Elle pourrait représenter un nouveau départ vers une nouvelle vie meilleure.

Je recommande vivement de chercher de l'aide pour votre santé mentale. Il est bon de demander conseil auprès d'un professionnel pour faire face à la détresse.

CHAPITRE III : INFIDÉLITÉ

L'infidélité est certainement un défi difficile à relever pour tout couple. La confiance, la loyauté et un engagement dévoué constituent véritablement le fondement de toute bonne relation. L'infidélité remet en question tous ces aspects fondamentaux. Au Burkina Faso, comme partout ailleurs, l'infidélité a des conséquences néfastes et importantes. Ces conséquences affectent à la fois le couple concerné, sa famille élargie et, dans certains cas, des communautés entières. Les répercussions psychologiques sont souvent lourdes à porter. Cela vaut pour les deux partenaires, l'un souffrant d'avoir été trompé et l'autre d'avoir été infidèle.

L'infidélité prend souvent des formes diverses et variées.

L'infidélité physique implique des relations sexuelles en dehors du mariage.

L'infidélité émotionnelle existe également. Elle se produit lorsque vous développez un attachement assez fort pour une personne qui n'est pas votre partenaire.

L'infidélité virtuelle comprend les échanges intimes sur les réseaux sociaux ou par téléphone.

Elle apparaît pour de nombreuses raisons, notamment la frustration. Le manque général de communication est également en cause ici. Puis la tentation de quelque chose de différent apparaît, ainsi que le désir d'une évasion temporaire. Une situation opportuniste, fugace et aléatoire, contribue également à cela.

L'infidélité, c'est le fait d'avoir des activités sexuelles en dehors de la relation qu'on a avec un partenaire. Maintenant, cela peut être dans le mariage ou cela peut être hors du mariage. C'est vécu en quelque sorte comme une aventure que quelqu'un mène en dehors de sa relation amoureuse avec une personne reconnue comme telle.

L'infidélité est vieille comme le monde. Elle peut survenir à tous les âges de la vie à deux et aucun couple ne peut s'estimer à l'abri d'une telle éventualité. Souvent traumatisante, parfois salutaire, l'infidélité découverte ou révélée n'est pas un moyen et encore moins une solution.

Elle s'avère plutôt le symptôme d'une relation qui se cherche ou le signe d'un conjoint qui vit des difficultés personnelles. Aujourd'hui, comme avant, la question de l'infidélité et des blessures qu'elle entraîne reste un sujet extrêmement sensible. Au cœur de l'aventure amoureuse, cette trahison, toujours perçue comme ultime, trouve avant tout des réponses dans l'intime.

On peut se poser des questions sur les raisons de l'infidélité. Y répondre en disant qu'il y a plusieurs raisons mais la raison essentielle, quand il n'y a pas d'amour réciproque, quand le désir baisse du côté de l'un ou de l'autre, l'infidélité se pointe à l'horizon.

On peut aimer son ou sa partenaire et être quand même infidèle, notamment chez les hommes. Un homme peut être fidèle sentimentalement et ne pas être fidèle sexuellement.

L'infidélité dans une relation de mariage prend une notre tournure que dans la relation amoureuse sans engagement légal.

On oberve psychologiquement et sociologiquement qu' il est mieux autorisé, toléré qu'un homme puisse avoir plusieurs partenaires. Et quand c'est une femme là, on commence à se dire mais elle n'est pas sérieuse, qu'est-ce qu'elle fait comme cela? Elle va m'emmener des enfants qui ne sont pas mes enfants. L'homme est considéré comme transmetteur de gènes. Donc on peut comprendre que l'homme puisse papillonner pour diffuser ses gènes. Mais quand c'est la femme là, elle est capable d'emmener n'importe qui dans le foyer. Surtout dans nos traditions, c'est cette conception qui domine.

Souvent, les hommes se cachent derrière l'argument comme quoi on ne peut pas manger tous les jours le même plat pour justifier leur infidélité. Cela veut dire que généralement aussi il y a l'infidélité parce que dans le couple là, les gens n'arrivent pas à créer, à innover. Donc à un certain moment donné, il y a la lassitude. Il va falloir que les deux partenaires puissent être animés par la volonté d'agrémenter la vie sexuelle. En réalité, dans un couple à un certain moment donné, il faut trouver des occasions pour renouveler la relation. Soit sortir, aller faire d'autres choses, changer de positions, de mouvements pour donner des graines de sel dans les relations amoureuses. Mais à ce moment là, il faut que l'un et l'autre soient ouverts. Parce que s'ils ne sont pas ouverts et que, par exemple, la femme est renfermée, timide et que l'homme aussi c'est quelqu'un de taciturne, alors il y'aura blocage. La communication est la clé de la relation fidélisée. Parce que quand on communique, la satisfaction et l'insatisfaction sont connues et ajustées, si nécessaire. Mais quand le sexe est tabou, on éteint la lumière et on assouvit et puis on descend, on dort. On ne cherche même pas à savoir si sa partenaire a été satisfaite ou pas. Ce n'est pas une relation amoureuse.

La tentation peut être grande d'aller voir ailleurs, à la recherche de sensations fortes.

Pour que la relation soit agrémentée, le fil conducteur c'est la communication, il faut se parler Pourquoi, qu'est-ce qui ne va pas (qu'est-ce qu'il faut améliorer, qu'est-ce qu'il faut faire même s'acheter des trucs érotiques pour ambiancer un peu, regarder des films ensemble, aller danser ensemble pour s'activer encore donc il y a beaucoup d'ingrédients qui peuvent amener un couple qui s'insère dans la routine puis s'en sortir et puis redynamiser sa vie.

la communication qui s'avère être l'une des meilleures garanties de longévité du couple ne dit-on pas que le bonheur on ne l'apprécie que lorsqu'on l'a perdu.

Faire face à l'infidélité est souvent un choc émotionnel important. Cela peut parfois être très dur à supporter.

Une conséquence courante est la perte de confiance. Il devient difficile de croire à nouveau en l'autre personne. Croire en l'avenir des relations peut également devenir un défi.

Des blessures narcissiques apparaissent également et l'on se sent humilié. Le sentiment de ne pas être « assez bien » se développe. C'est ce sentiment désagréable de ne pas être beau, intelligent ou compétent.

La colère et le ressentiment peuvent également en être les conséquences, bien sûr. Cela peut facilement conduire à des conflits violents.

Contrairement à la croyance populaire, la personne qui a trompé n'est pas toujours « tranquille ». Elle peut même éprouver toute une gamme de sentiments.

La culpabilité est assez courante. Certains ressentent de l'appréhension à l'idée d'avoir brisé la confiance de leur partenaire, et c'est terrible.

Vivre dans le mensonge génère également du stress. On ne peut pas se détendre dans une telle situation. En effet, cette mascarade nécessite une énergie mentale considérable.

Il existe également un dilemme personnel. Le choix ? Continuer la relation existante ou prendre une autre direction ?

L'infidélité menace le fragile équilibre du couple. On peut alors imaginer un environnement de doute constant ; le couple doit-il décider de rester ensemble sans véritable reconstruction ? Et je me demande à quoi ressemble la vie.

Parfois, une renaissance est même possible. Paradoxalement, certains couples voient dans ce problème une occasion de repenser leurs liens et de prendre un nouveau départ. Mais cela implique un engagement rigoureux. Et un dévouement total à la reconstruction de la confiance.

L'infidélité représente en effet une épreuve très difficile. Mais cette épreuve difficile peut aussi révéler des faiblesses cachées au sein d'une relation. Elle peut entraîner une rupture totale et une séparation, mais elle peut aussi mener à l'établissement de liens plus honnêtes et plus conscients. Quel que soit le résultat, il est essentiel de défendre votre estime de vous-même, votre santé mentale et votre bonheur avant tout, car aucune amitié ne mérite de détruire votre psychisme.

Pour ce faire :

- Il faut engager un dialogue honnête ; minimiser la souffrance de l'autre n'aide en rien ;
- Acceptez les réactions émotionnelles. Les sentiments tels que la colère, la tristesse et les périodes d'incompréhension doivent pouvoir s'exprimer ;
- Vous devez prendre une décision ensemble. La relation doit-elle continuer ou est-il temps d'y mettre fin, selon ce qui vous semble le plus raisonnable à tous les deux ?
- Une aide extérieure peut être bénéfique pour tous, c'est certain. Un bon thérapeute ou même un conseiller conjugal pourrait rendre ce processus beaucoup plus apaisant ;
- Reconstruire la confiance prendra certainement du temps, de la patience et des actions significatives si vous souhaitez voir des résultats.

L'infidélité est une blessure psychologique profonde. Elle peut vraiment nuire à la confiance dans une relation.

Elle a un impact considérable sur le partenaire trahi. La personne qui a été infidèle est également affectée. Les conséquences de l'infidélité touchent en effet le couple dans son ensemble.

Pour surmonter l'infidélité, il faut un dialogue sincère et honnête ; c'est vraiment ce dont vous avez besoin. Le respect est également important. Le soutien d'un conseiller professionnel peut parfois être bénéfique.

CHAPITRE IV : DIVORCE

Le mariage est perçu comme une union durable, fondée sur l'amour, la confiance et la solidarité. Pourtant, certaines unions connaissent des tensions si fortes qu'elles conduisent à la séparation ou au divorce. Au Burkina Faso, comme ailleurs, le divorce reste une épreuve difficile, marquée par des conséquences émotionnelles, sociales et économiques. Ses effets ne touchent pas seulement le couple, mais aussi les enfants, les familles élargies et parfois toute la communauté.

Le divorce est la rupture officielle d'un mariage civil ou religieux liant précédemment deux personnes ou plusieurs en cas de polygamie. En droit, il se distingue de la séparation de fait, sans conséquence juridique, et de la séparation de corps, qui est reconnue juridiquement, mais qui laisse subsister le mariage. Cette décision se différencie de l'annulation de mariage, qui vise à effacer rétroactivement tous les effets du mariage.

Les causes de divorce sont multiples, mais les plus fréquentes incluent l'infidélité, les problèmes de communication, les conflits financiers et les désaccords sur les valeurs fondamentales, comme la volonté d'avoir des enfants ou les plans d'avenir. D'autres facteurs courants sont les addictions, les violences (physiques ou psychologiques), le manque d'intimité et l'ingérence de la famille.

Un divorce ne survient jamais « par hasard ». Il est souvent le résultat d'une accumulation de difficultés :

- Les conflits conjugaux répétés : incompréhensions, disputes, incompatibilités de caractère.
- L'infidélité : qui fragilise la confiance et la stabilité du couple.
- Les violences conjugales : physiques, psychologiques ou économiques.
- Les pressions sociales et économiques : chômage, pauvreté, responsabilités familiales lourdes.
- Le manque de communication : qui laisse place aux frustrations et à la distance affective.

Le divorce peut avoir des conséquences psychologiques importantes pour les adultes, notamment un risque accru de dépression et d'anxiété, un sentiment de perte et un bouleversement de l'identité, ainsi qu'un stress lié aux difficultés financières et à la solitude.

Les enfants peuvent également subir un traumatisme émotionnel se manifestant par de la tristesse, de la colère, de la confusion et un sentiment de culpabilité ou d'abandon. Ces impacts peuvent être aggravés par les changements d'habitudes et les tensions familiales.

Le divorce peut avoir des effets psychologiques significatifs sur les individus, affectant leur santé mentale de manière profonde. La fin d'un mariage implique souvent une douleur émotionnelle, incluant des sentiments d'échec, de perte et de déception. Ces émotions peuvent entraîner une période prolongée de deuil, semblable à celle qui suit un décès, alors que les individus s'adaptent à la fin d'une relation autrefois précieuse. Ce deuil peut se manifester par des symptômes de tristesse, une faible énergie et même de la dépression, à mesure que les gens font face aux bouleversements émotionnels qui accompagnent une séparation.

Les impacts sur les conjoints

Pour les époux, le divorce est une épreuve psychologique :

- Sentiment d'échec : impression de ne pas avoir réussi son projet de vie.
- Stress et anxiété : liés à la réorganisation de la vie quotidienne (logement, finances, statut social).
- Soulagement parfois : pour ceux qui vivaient dans un climat de tension ou de violence.
- Reconstruction personnelle : nécessité de redonner un sens à sa vie et de réapprendre à se projeter dans l'avenir.

Les impacts sur les enfants

Les enfants sont souvent les plus affectés par le divorce, car ils subissent une situation qu'ils n'ont pas choisie :

- Choc émotionnel : tristesse, colère, peur de perdre l'amour d'un parent.
- Troubles scolaires : baisse de concentration, échec ou démotivation.
- Conflit de loyauté : sentiment d'être obligé de choisir entre papa et maman.
- Perte de repères : lorsque les rôles parentaux sont mal redéfinis. Cependant, il est important de rappeler que les enfants peuvent s'adapter si les parents coopèrent et préservent leur bien-être.

Les impacts sur la famille élargie et la société

Dans nos sociétés africaines où les familles sont souvent très impliquées dans la vie du couple, le divorce a des répercussions plus larges :

- Tensions entre belles-familles : qui peuvent perdurer même après la séparation.
- Jugement social : surtout envers les femmes divorcées, parfois stigmatisées.
- Répercussions économiques : partage des biens, charge des enfants, diminution du niveau de vie.

Il est prouvé que la thérapie conjugale améliore l'intimité physique et émotionnelle, accroît la communication et établit une meilleure connexion globale entre les époux, ce qui permet de trouver des solutions au divorce.

Comment atténuer les effets du divorce ?

1. Protéger les enfants : leur rappeler que le divorce concerne les adultes, mais qu'ils resteront aimés par leurs deux parents.
2. Favoriser le dialogue : éviter les conflits devant les enfants et maintenir une communication respectueuse.
3. Recourir à la médiation : un conseiller conjugal ou un médiateur peut aider à trouver des solutions équilibrées.
4. Soutien psychologique : consulter un psychologue peut faciliter la reconstruction émotionnelle.

5. S'appuyer sur son entourage : famille, amis, associations peuvent apporter réconfort et aide matérielle.
6. Le divorce est une réalité de plus en plus présente dans nos sociétés modernes. Il ne doit pas être vécu uniquement comme un échec, mais aussi comme une occasion de se reconstruire et d'apprendre. En protégeant les enfants, en privilégiant le dialogue et en recherchant le soutien nécessaire, les familles peuvent traverser cette épreuve avec plus de sérénité. Le plus important reste de préserver la dignité et l'équilibre de chacun, afin que cette rupture ne devienne pas une source de blessures irréparables.

- Le divorce est une rupture douloureuse mais parfois nécessaire.
- Ses impacts touchent non seulement le couple, mais aussi les enfants et l'entourage.
- Préserver le bien-être des enfants doit rester une priorité absolue.
- Avec un accompagnement adapté, il est possible de transformer cette épreuve en une nouvelle étape de vie.

Pour ne pas subir de désillusion en cas de divorce, il ne faut surtout pas se laisser éloigner de son cercle amical par le conjoint. Avant même de songer à divorcer, si déjà votre conjoint vous empêche de voir vos amis, c'est le signe que quelque chose ne va plus.

CHAPITRE V : ADOPTION D'ENFANTS

On peut adopter un enfant parce que l'homme ou la femme ou le couple n'a pas d'enfant.

On peut aussi adopter un enfant, bien qu'on ait des enfants, par exemple, dans un couple où il n'y a que des filles, on aimerait avoir un garçon, on n'en a pas eu, on peut vouloir adopter un garçon pour satisfaire notre besoin. On peut aussi adopter parce qu'on s'est rendu compte qu'il y a un enfant qui a été abandonné et on a suffisamment de moyens, on peut subvenir aux besoins de cet enfant-là, on peut vouloir faire acte utile et puis vouloir adopter un enfant. Donc, il y a plusieurs situations.

Soit parce qu'il y a un vide, on a besoin d'un enfant, soit parce qu'on a un sexe qui nous manque, on veut prendre un enfant d'un sexe donné ou alors il y a un enfant qui a besoin d'assistance et puis on peut apporter l'assistance.

L'adoption est la possibilité donnée à un enfant d'avoir des parents, et à des parents d'avoir un enfant. Elle permet à l'enfant privé de famille d'en avoir une, et d'être ainsi protégé et éduqué. L'adoption crée un lien de filiation entre enfant et parents

Ces enfants adoptés sont-ils une source de difficulté particulière pour les parents qui les adoptent ? On peut naturellement se poser cette question, mais il ne faut pas penser que les enfants adoptés apportent des difficultés particulières plus que les autres enfants. En réalité ils sont comme tous les autres enfants, ils rencontrent toutes les difficultés comme les autres enfants, même s'ils ont été des enfants abandonnés.

Il faut comprendre seulement qu'un enfant qui a été abandonné pendant très longtemps, qui a été adopté dans le cadre d'un orphelinat, par exemple, peut-être peut avoir un certain nombre de sensibilités. En termes d'attachement, en termes de réaction. Mais à part cela, ces enfants n'ont pas de difficultés majeures plus que les enfants ordinaires.

La question que beaucoup de gens se posent est de savoir s'il y a un âge requis pour qu'un enfant adopté s'intègre facilement dans sa famille d'accueil? Je pense que plus tôt on le fait, plus tôt ce sera mieux, autant pour l'enfant que pour la famille d'accueil. Cela veut dire que dès qu'on sent que l'enfant est sevré, déjà parce qu'il faut attendre que l'enfant soit sevré quand même pour pouvoir faire l'adoption, en tout cas c'est ce qu'on conseille, parce que bien sûr on peut adopter l'enfant avant le sevrage, mais cela demande une beaucoup plus grande disponibilité. Mais une fois que l'enfant est sevré, plus tôt sera le mieux, parce que cela permet à la famille adoptive de pouvoir véritablement inculquer à l'enfant adopté un certain nombre de normes, de valeurs, en un mot de culture qui lui permettent d'être éduqué selon les normes, selon les valeurs de son milieu d'accueil.

Donc plus tôt on le fait, plus tôt c'est bien pour pouvoir véritablement permettre à l'enfant de s'intégrer dans son nouveau cadre.

Maintenant, si la situation se présente de telle sorte qu'on est face à une situation où l'enfant a été adopté tardivement, cela peut poser plus de difficultés dans le cadre de son intégration, parce que l'enfant a déjà des prérequis sociaux, des prérequis culturels. Donc si éventuellement sa culture d'accueil est en opposition, est différente de la culture d'origine, alors l'intégration peut être très difficile.

Une fois que l'enfant est dans une famille adoptive, tôt ou tard, l'enfant va s'interroger sur son origine. Souvent, sous l'incitation de l'entourage, ou bien lui-même à un certain moment donné, par observation, il va se rendre compte qu'il est assez différent des autres enfants, s'il se trouve qu'il est avec d'autres enfants, ou bien qu'il a une différence entre lui et ses parents adoptifs. En tout cas, d'une manière ou d'une autre, à un certain moment donné, l'enfant peut se poser des questions sur son origine.

À partir de ce moment, il est conseillé que les parents encouragent l'enfant, aident l'enfant, assistent l'enfant à faire ces recherches-là. Éventuellement, si c'est une famille, un enfant qui a été adopté auprès d'un orphelinat, peut-être assister l'enfant pour qu'il puisse mener ses recherches jusqu'à découvrir ses parents biologiques. Si c'est un enfant qui a été adopté auprès d'une famille, là la recherche sera beaucoup plus facile.

On peut même accompagner l'enfant pour voir ses parents d'origine et faire en sorte que cela se passe très bien, que l'enfant soit à l'aise et qu'il n'y ait pas de préférence entre sa famille adoptive et sa famille d'origine, pour que l'enfant puisse visiter les deux familles de façon harmonieuse.

Si brusquement, à un âge avancé, il le découvre, surtout si c'est à l'adolescence, j'insiste là-dessus, parce que l'adolescence est une période particulière. Toujours est-il que les parents doivent faire en sorte que pendant l'évolution de l'enfant, on prépare l'enfant à ce qu'il se rende compte à un certain moment donné qu'il est un enfant adopté.

Et pour cela, si les parents adoptifs ne sont pas suffisamment préparés, ils peuvent faire appel au service d'un psychologue pour les aider, pour leur donner des astuces, comment aborder ces sujets-là avec l'enfant sans l'indisposer, comment le préparer lentement jusqu'à la maturité pour lui faire découvrir la vérité, ou alors accompagner même l'enfant auprès d'un psychologue, pour que le psychologue, parce qu'il a les savoir-faire, il saura comment présenter cette situation-là à l'enfant, pour que cela ne crée pas une indisposition auprès de l'enfant, ne le brusque pas..

Donc à la limite, on peut trouver dans l'environnement familial, une personne ayant des aptitudes pour accompagner l'enfant. Donc généralement les sages, les personnes âgées, ils ont les mots appropriés, ils choisissent le bon contexte, ils préparent suffisamment l'enfant à découvrir la vérité. C'est justement au cas où il y a défaillance de ces personnes ressources, c'est en ce moment qu'il faut se référer à un psychologue.

Mais si on a des ressources à l'interne, on a des personnes ressources qui peuvent jouer ce rôle-là, parce que les psychologues, c'est parce qu'ils savent comment présenter les choses, mais il y a des personnes très cultivées, très sages, qui ont de l'expérience, qui sauront aussi présenter l'affaire à l'enfant.

L'adoption doit se dérouler de telle sorte que quand l'enfant va découvrir qu'il est un enfant adopté, qu'il soit étonné par ce fait-là, parce qu'il a été éduqué, il a été accepté, aimé et socialisé comme les autres enfants. Pas de différence, pas de préférence. Et quand c'est comme cela, l'enfant s'en sort très bien.

Mais quand l'enfant a l'impression qu'on préfère les autres à lui, à un certain moment donné, cela peut même susciter des questions. Et si on lui souffle l'idée qu'il n'est pas de la famille, cela peut le perturber psychologiquement et jouer sur son évolution future.

Donc généralement, quand on a un enfant avec soi, le fait de l'entourer d'affection l'apaise, une certaine sérénité, et à partir de ce moment-là, l'enfant peut trouver un certain équilibre.

Si l'enfant a été adopté auprès d'une famille, à un certain moment donné, sans que l'enfant ne le demande même, il est indiqué, que les parents adoptifs orientent l'enfant vers ses parents biologiques, pour que le contact puisse s'établir, pour que cela se passe dans les bonnes conditions. Il ne faut pas que l'enfant, lui-même, découvre que ses parents biologiques existent et qu'il découvre secrètement ses parents biologiques. En ce moment, cela peut créer un conflit latent.

Donc pour l'équilibre de l'enfant et pour permettre même à la famille adoptive d'être à l'aise dans l'éducation de l'enfant adopté, il faut que cette démarche-là soit encouragée et accompagnée par les parents.

Je pense pouvoir partager l'expérience d'un ami en France qui a adopté un enfant, il y a à peu près une douzaine d'années. Maintenant, l'enfant a une vingtaine d'années. Mais tous les ans, l'enfant vient au Burkina pour les vacances, passer deux mois avec ses parents biologiques et repart dans sa famille adoptive. L'enfant est très équilibré. Les parents aussi savent que l'enfant reste toujours leur enfant, par les liens du sang, même si l'enfant, juridiquement, appartient à une autre famille.

Ainsi, l'équilibre est généré de part et d'autre. Ce faisant à l'enfant de s'épanouir et aux familles aussi de ne pas rencontrer de difficultés.

Il faut se dire que l'adoption d'un enfant ne se fait pas sur un coup de tête. Il faut que, forcément, la famille se prépare.

Généralement, ailleurs, il y a ce qu'on appelle des groupes de préparation. Cela veut dire que des gens qui ont déjà adopté, qui ont une expérience dans le domaine, qui accueillent les familles qui veulent adopter pour leur donner un certain nombre de conseils. Mais ce que l'on peut dire psychologiquement, cela veut dire que quand on veut adopter un enfant, il faut être situé clairement là-dessus.

Quel type d'enfant on veut adopter ? Est-ce un garçon ou une fille? Est-ce le choix de l'ensemble de la famille. Comment comptons-nous éduquer l'enfant ? Est-ce que nous portons vers des enfants abandonnés dans les orphelinats ou même des enfants issus de familles qui sont proposés par des familles ? Donc il faut que le choix soit clair et que les familles se préparent véritablement à prendre en charge l'éducation de ces enfants-là.

CHAPITRE VI : COMMENT DEVIENT-ON PARENT ?

Le modèle familial traditionnel est remis en question. De nombreuses familles ne comprennent plus à la fois un père et une mère. Il s'agit désormais de familles monoparentales. Certaines sont des familles recomposées ou des familles homoparentales. Même au sein des couples hétérosexuels, la répartition traditionnelle des tâches est remise en question. L'idée selon laquelle « le père travaille et la mère s'occupe du foyer » évolue constamment, peut-être en raison de l'entrée des femmes sur le marché du travail.

Par conséquent, être parent n'est plus une évidence ; cela ne l'a d'ailleurs jamais été. Il existe une incertitude quant à la meilleure approche pour élever les enfants. Les parents souhaitent permettre à leurs enfants de s'épanouir. Ils ont du mal à fixer des limites et à rester attentifs aux résultats scolaires.

Les parents d'aujourd'hui cherchent à définir leur rôle. Certains ont du mal à concilier leur vie professionnelle et leur vie familiale, comme les mères qui travaillent ou les pères qui s'impliquent davantage. D'autres doivent se définir comme des éducateurs sans statut légal. Prenons l'exemple des beaux-parents ou des couples homosexuels : leurs défis peuvent être légèrement différents.

La parentalité désigne l'ensemble des façons d'être et de vivre le fait d'être parent.

C'est un processus qui conjugue les différentes dimensions de la fonction parentale, matérielle, psychologique, morale, culturelle et sociale.

Elle qualifie le lien entre un adulte et un enfant, quelle que soit la structure familiale dans laquelle il s'inscrit, dans le but d'assurer le soin, le développement et l'éducation de l'enfant.

Les problèmes liés à la parentalité peuvent prendre de nombreuses formes, en fonction de l'âge des enfants, de la dynamique familiale et des circonstances individuelles. Comprendre les différents types de problèmes parentaux peut aider les parents à identifier leurs difficultés spécifiques et à rechercher le soutien ou les interventions appropriés.

Il est important de se rappeler que de nombreuses familles sont confrontées à plusieurs types de problèmes parentaux simultanément, et que ces problèmes peuvent évoluer au fur et à mesure que les enfants grandissent et que la situation familiale change. Reconnaître les défis spécifiques auxquels vous êtes confrontés est la première étape vers la recherche de solutions efficaces. Les difficultés courantes sont les suivantes :

- Difficultés liées à la discipline et à la fixation de limites ;
- Rupture de communication entre les parents et les enfants ;
- Concilier travail et vie de famille ;
- Gérer les rivalités et les conflits entre frères et sœurs ;
- Faire face à des problèmes de comportement ou à des besoins particuliers des enfants ;

- Relever les défis de la coparentalité, en particulier après une séparation ou un divorce ;
- Répondre aux préoccupations liées à l'utilisation des technologies et au temps passé devant un écran ;
- Faire face au stress et à l'épuisement des parents ;
- Gérer les problèmes des adolescents tels que l'indépendance et les comportements à risque.

Généralement, on a tendance à croire que pour être parent, il suffit d'avoir un emploi sécurisé, il suffit d'être en couple, légalement marié ou pas. Autrement dit, à partir du moment où la capacité financière est au rendez-vous, l'on estime qu'il est temps d'avoir un enfant.

Etre parent nécessite une préparation. Il faut, surtout, s'assurer qu'on aura la disponibilité pour pouvoir s'occuper de l'enfant, qu'on va mettre au monde, qu'on pourrait partager avec l'enfant en question qui est à venir, l'affection nécessaire pour permettre à l'enfant de satisfaire son besoin primaire d'attachement, pour participer à sa construction émotionnelle et à sa construction sociale. Surtout, il est très important que l'on s'assure que l'enfant qui va venir va pouvoir bénéficier d'une place que l'on s'est donné déjà dans notre tête pour permettre à l'enfant de s'installer parmi nous.

Les parents doivent s'assurer des obligations économiques, des obligations en termes de santé, des obligations sociales, des obligations psychologiques. Obligations en termes économiques, cela veut dire qu'il faut savoir pouvoir s'occuper matériellement de l'enfant.

Quand je dis matériellement de l'enfant, pouvoir le nourrir, pouvoir le vêtir, pouvoir bien le loger. Quand il est malade, pouvoir le soigner, prendre soin de lui, pouvoir assurer son éducation, c'est-à-dire financièrement. Maintenant, socialement aussi, il faut s'assurer qu'on doit être disponible pour pouvoir s'occuper de l'enfant socialement, prendre soin de lui comme il le faut dans sa famille.

Mais surtout psychologiquement, on doit pouvoir s'assurer qu'on pourrait partager notre affection avec l'enfant, qu'on pourrait permettre à l'enfant de bénéficier de l'attachement dont il a besoin vis-à-vis de nous. C'est-à-dire lui donner le goût, le plaisir de la vie, s'occuper de lui, prendre soin de lui, passer du temps avec lui, s'occuper de lui, véritablement échanger avec l'enfant. Parce qu'un enfant a besoin de tout cela pour un développement harmonieux.

Avec la modernité il est difficile de parler des rôles distincts du père et du mère, je suis sûr que les féministes vont s'en prendre à moi et en tout cas ceux qui sont dans la logique du genre vont s'en prendre à moi. Parce qu'avec la logique du genre maintenant, il n'y a pas de rôle distinct de la femme et un rôle distinct de l'homme.

Mais traditionnellement, tout de même, on sait qu'il y a des rôles classiquement attribués à la femme. Par exemple, le monsieur est au boulot, la femme est au fourneau. Cela veut dire que traditionnellement, les activités domestiques de préférence sont assurées par la femme. Par exemple s'occuper de la cuisine, s'occuper de tout ce qui concerne l'intérieur de la maison, s'occuper des petits soins aux enfants.

Maintenant, l'homme s'occupe d'amener les nécessaires à la maison, d'assurer le quotidien. Mais on sait que de plus en plus, il y a un enchevêtrement des rôles. Cela veut dire que cela en fonction de la disponibilité des uns et des autres.

Si je rentre plus tôt que madame, je peux préparer rapidement les repas du soir pour mettre à la disposition de la famille. Si je suis disponible plus que la femme, la femme n'est pas présente, n'est pas disponible. Je peux m'occuper d'un certain nombre d'activités domestiques.

Psychologiquement, on sait que jusqu'à un certain âge, l'enfant est beaucoup plus dépendant de la mère que du papa. Pour une raison très simple.

Déjà pour le lait maternel, c'est la femme qui est en mesure de pouvoir satisfaire l'enfant. Donc à ce titre-là, tant que l'autonomisation de l'enfant n'est pas réalisée, l'enfant est beaucoup plus à la portée de la maman qu'à la portée du papa. Même si on sait que maintenant, avec les biberons, avec un certain nombre de substituts, on peut permettre au papa aussi de pouvoir plus ou moins assurer ce rôle-là.

Il faut bien mûrir avant d'être parent et quand on le dit, on se rend compte tout de suite qu'un mineur n'a pas cette capacité de mesurer toutes les conséquences d'être parent. Un mineur, il ne s'assume pas pleinement lui-même d'abord. A plus forte raison de prendre en charge un autre enfant. Donc normalement, cela veut dire que quand on est dans un cas de figure de ce genre, il faut que les adultes entourent les parents mineurs pour leur permettre d'assumer leur rôle. A vrai dire on doit faire en sorte qu'il devienne compétent, qu'il devienne mûr, qu'il mesure toutes les conséquences que le fait d'être parent implique.

Il aura besoin d'appui, conseil, de soutien, d'être entouré.

En tout cas, traditionnellement en Afrique, les grands-parents, dès qu'il y a une grossesse qui est en cours, les grands-parents commencent à produire des conseils. Et avant même, on apportait même un certain nombre d'astuces de correction pour permettre aux futurs parents de pouvoir se préparer.

Parce que ce qui est important, lors d'une grossesse, il y a le stress, il y a un déséquilibre qui se crée. Donc, quand les grands-parents sont là avec leurs conseils, avec leurs orientations, ils permettent aux parents d'assumer, de préparer véritablement le fait d'être parent dans la sérénité. Cela veut dire qu'ils ont à leur disposition toutes les recettes, j'ai envie de dire. Ils ont à leur disposition les conseils nécessaires, les comportements et les attitudes à adopter pour permettre à leurs enfants d'être dignement, pleinement et adéquatement éduqués et puis pris en charge.

Il faut évoquer que la venue d'un enfant indésiré peut mettre en mal l'investissement parental. Assez souvent, c'est du côté de la mère que la situation est moins problématique, quel que soit l'état dans lequel l'enfant est venu, assez souvent la mère s'implique dans son éducation.

Par contre, au niveau du papa, il peut dire qu'il n'était pas préparé. Par conséquent, il peut ne pas faire un effort supplémentaire pour prendre en charge cet enfant-là. Assez souvent, ou de façon parfois inconsciente, on sent que le papa n'est pas très proche de l'enfant.

On peut observer qu'il a parfois des comportements violents vis-à-vis de l'enfant. Parce qu'il ne le désirait pas. Parce qu'il n'était pas préparé psychologiquement à l'accueillir.

Aussi, peut-être parce qu'il n'est pas sûr d'être stable, de faire sa vie avec la mère de l'enfant.

Et quand il a l'impression d'avoir été piégé par la mère de l'enfant, cela le frustre, l'indispose, il peut prendre de la distance par rapport à la prise en charge de l'enfant.

Il ne faut pas que l'enfant ou les enfants puissent subir le coup de la mésentente ou du conflit entre les parents. Même s'il y a un divorce, il faut que l'enfant puisse bénéficier de l'affection à la fois du père et de la mère. C'est pourquoi vous voyez maintenant, les juges conseillent que l'enfant puisse rendre visite à la fois au père et à la mère alternativement pour permettre à l'enfant de bénéficier de part et d'autre de l'affection pour assurer son équilibre.

S'il n'y a qu'un seul des parents qui s'occupe de l'enfant, a peut créer un déséquilibre. Je ne vais pas rentrer dans les longues explications. Par exemple, l'homosexualité, assez souvent, est due à cela.

Dans le cas d'une famille recomposée, c'est-à-dire une famille qui a été formée après une famille antérieure. On a vécu auparavant, on a eu certainement des enfants et on s'est mis ensemble. Cela veut dire que sous le même toit, on a des enfants du mari et de la femme d'un précédent mariage ou d'une précédente union.

Parce que vous avez des enfants que vous devez éduquer qui ne sont pas forcément les vôtres. Que faire? Parce que si vous êtes très sévère, si vous êtes très autoritaire, la maman peut vous reprocher que vous êtes injustes vis-à-vis de ses enfants. Et puis assez souvent, on vous soupçonne d'accorder de la préférence à vos propres enfants au détriment des enfants issus d'une union précédente.

Donc assez souvent, il faut véritablement marcher sur des œufs pour ne pas faire des gaffes. Il faut être prudent. Il faut en tout cas réfléchir par deux fois avant d'adresser la parole aux uns et aux autres.

Il faut en tout cas donner l'impression qu'on prend tous les enfants sur le même pied d'égalité. Il ne faut pas avoir de parti pris.

Alors qu'assez souvent, quand nous sommes dans le domaine de l'émotion notre contrôle est limité. Sans le vouloir, on peut avoir instinctivement de la préférence pour ses propres enfants et moins d'affection pour les enfants qui ne sont pas de nous. Donc assez souvent, c'est délicat.

Quand l'enfant est élevé dans une famille monoparentale, seulement le père ou seulement la mère. Alors qu'il a besoin des modèles du père et des modèles de la mère. Mais si on ne permet à l'enfant que d'avoir un seul modèle, il y a le déséquilibre.

Il y a des effets néfastes dans le cadre de sa maturation psychologique, de sa maturation sociale, de sa maturation émotionnelle, et si l'enfant n'a pas d'autres opportunités pour bénéficier de ce support-là, cela peut le déséquilibrer. Cela peut faire en sorte que l'enfant, dans la vie sociale, ne soit pas un enfant pleinement à l'aise, des défauts d'expression de sa personnalité et plus tard constitué un frein à sa propre parentalité.

Il est important de s'octroyer des plages à sa famille. Il est impérieux de faire en sorte que, dans le temps de travail, il puisse y avoir des moments pour s'occuper de sa famille. Par exemple, s'arranger pour ne pas rentrer à midi, et descendre plus tôt pour s'occuper de sa famille.

Le week-end, trouver des moments pour échanger avec sa famille. Vous savez ce qui est important ? Ce n'est pas la quantité de temps qu'on consacre à sa famille, c'est la qualité. Il faut des moments où il faut être totalement avec ses enfants et sa conjointe ou son conjoint.

Il faut être pleinement à leur disposition. Quand ce rituel est bien établi, c'est fait de façon régulière, cela permet aux enfants de bénéficier pleinement de l'affection et profiter pleinement de la disponibilité des parents.

CHAPITRE VII : SOLITUDE ET ISOLEMENT AFFECTIF

Chaque être humain se trouve fondamentalement seul. Au-delà de son envie d'échapper à cette vérité, chacun le sait quelque part au fond de lui. Cette réalité inaliénable de la condition humaine nous suit malgré nous depuis la naissance jusqu'à la mort. Nous sommes seuls pour naître et pour mourir. Nous restons seuls pour ressentir les choses, pour jouir, pour réfléchir, pour goûter la vie et pour souffrir. En bref, nous sommes seuls pour exister tout simplement. Devant notre état d'être seul et séparé des autres, la présence de ces derniers peut vite tourner au refuge. Mais ce refuge demeure toujours temporaire en fin de compte.

La solitude (du latin solus signifiant « seul ») est l'état, ponctuel ou durable, plus ou moins choisi ou subi, d'un individu qui n'est engagé dans aucun rapport avec autrui.

La solitude désigne cet état où l'on éprouve un sentiment de solitude. Cela inclut souvent un isolement physique, comme une séparation réelle des autres. Ou encore une déconnexion intérieure par rapport au tissu social. Elle peut s'avérer choisie, et même appréciée dans une optique positive. Par exemple, comme un temps de repos et de sérénité. Mais elle risque aussi d'être subie, avec une connotation négative marquée. Cela arrive surtout quand les relations en place ne satisfont pas les attentes émotionnelles. Du coup, cela génère un vide affectif, ou un isolement plus profond.

Plusieurs éléments peuvent accroître les risques pour les jeunes de se retrouver dans une solitude qu'ils n'ont pas choisie. Parmi ces facteurs, on trouve certains traits de personnalité qui jouent un rôle important, comme la timidité, l'introversion ou encore le manque de confiance en soi. Ces caractéristiques rendent souvent les interactions sociales plus compliquées pour eux. La discrimination représente un autre risque majeur, par exemple quand une personne subit du racisme, de la grossophobie, de l'homophobie ou toute autre forme liée à son apparence ou à son genre. Cela peut isoler les individus de manière profonde et durable. Les troubles de santé mentale contribuent aussi à cette situation, car les personnes concernées développent parfois une anxiété sociale par crainte de gérer des émotions trop intenses. Elles se replient alors sur elles-mêmes pour éviter ces difficultés. L'isolement prolongé aggrave encore les choses, en provoquant de la tristesse, du désespoir et même des états dépressifs qui s'installent progressivement. Cela crée un cercle vicieux difficile à briser. Enfin, l'entrée à l'université pose des défis spécifiques, surtout avec les déménagements dans une nouvelle ville pour poursuivre ses études. Ces changements mettent parfois les jeunes en situation de vulnérabilité accrue.

Parlons de la différence entre solitude et isolement. Par exemple, pour qu'on puisse être dans une situation d'isolement, cela ne peut pas être le cas quand on est par exemple dans la solitude choisie. Quand on a soi-même décidé de se retirer, soit pour des besoins d'introspection, réfléchir sur soi-même, soit pour le besoin du travail intellectuel pour faire des recherches intellectuelles ou bien faire des réflexions, ou bien pour faire un repli spirituel, pour faire de l'élévation spirituelle. En ce moment, il n'y a pas de l'isolement.

L'*isolement* se traduit par la réduction ou l'absence de contacts sociaux réels, mesurables. Donc, l'isolement est une conséquence de la solitude subie. À partir d'un certain moment donné, on a envie de rencontrer les autres, mais on n'y arrive pas. On a envie de nouer des contacts avec les autres, de communiquer avec les autres, mais on n'a pas accès aux autres.

Donc je peux m'isoler pour faire une réflexion sur moi-même, pour faire une introspection, comme on le dit en psychologie. Ou alors je peux m'isoler, par exemple, le temps d'écrire un document, de réfléchir. Je peux m'isoler aussi pour faire la méditation, par exemple.

Je vais faire la méditation transcendantale. Je ne peux pas le faire en étant dans le brouhaha, donc je peux m'isoler.

Quand la solitude est choisie, il n'y a que des effets bénéfiques. Par exemple, quand je décide de me retirer pour essayer de me remettre en cause, pour réfléchir sur les effets négatifs d'un certain nombre de mes comportements, en vue de les corriger, vous êtes d'avis avec moi que c'est bénéfique. Parce qu'à la suite de cette introspection, de cette méditation, de cette réflexion sur moi-même, je peux être amené à corriger un certain nombre de mes comportements.

Les causes de la solitude chez les jeunes sont donc multiples. Qui plus est, les risques sont encore plus grands lorsqu'une même personne cumule différents facteurs. Et lorsqu'elle est subie, la solitude à long terme a de graves répercussions sur la santé.

Les études sur les effets de la solitude montrent qu'elle a des répercussions sur le comportement. Les sentiments d'ennui, de tristesse et de dévalorisation de soi augmentent. Ces sentiments exacerbent le renfermement sur soi et la solitude. Au final, ces comportements peuvent faire naître un état dépressif chez les jeunes.

La solitude prolongée a des effets physiologiques importants qui affectent la santé globale. En particulier, elle provoque une élévation du taux d'hormones de stress dans le corps, notamment le cortisol, ce qui perturbe l'équilibre hormonal et accroît la sensation de stress chronique. Ce stress prolongé diminue également les capacités immunitaires, rendant l'organisme plus vulnérable aux infections et aux maladies.

Ces altérations s'aggravent plus la solitude dure longtemps, aboutissant à une détérioration progressive de la santé, en particulier des fonctions cardiovasculaires, avec un risque accru d'accidents cardiaques et d'autres troubles liés au système circulatoire.

Dans les cas les plus graves, cette détérioration peut entraîner une souffrance psychologique intense, allant de la dépression au suicide. Il est donc crucial, si vous vous sentez profondément seul, d'en parler à des personnes de confiance, des proches ou des professionnels, pour obtenir écoute et soutien.

La personne se trouve seule malgré soi-même. Et c'est cette situation qui nous intéresse parce qu'à ce moment-là, la personne en souffre psychologiquement. Et c'est ce qui nous amène à vouloir en parler.

Par exemple, les étudiants qui quittent leur famille et leurs amis pour faire leurs études supérieures sont prédisposés à la solitude. Ils se retrouvent en perte de repères dans une toute nouvelle ville. Ils ont parfois peur de voir leurs relations amicales disparaître à cause de l'éloignement géographique. Ils se retrouvent seuls, confrontés au grand défi de rebâtir des relations dans une communauté constituée exclusivement d'inconnus.

La solitude subie peut véritablement entamer la dimension émotionnelle, la dimension affective, la dimension psychologique de la personne. On voit que la personne a l'impression de ne pas être aimée, d'être rejetée par les autres. Son estime de soi est vraiment entachée, la personne perd confiance en elle-même.

Et quand on a ce sentiment de vide-là, si ce n'est pas vite résorbé, cela peut entraîner des conséquences fatales, le suicide si on n'est pas fort mentalement. Il faut être fort mentalement et il faut que cela soit de courte durée, qu'on s'ouvre à d'autres personnes, pour qu'on puisse trouver vraiment des soutiens.

La faiblesse de l'estime de soi, peut faire que psychologiquement, quelqu'un n'est pas en mesure d'entretenir des relations avec les autres.

Mais à côté de cela, il y a aussi des causes économiques, des causes sociales.

Causes économiques, par exemple, quelqu'un d'actif, du jour au lendemain, se retrouve licencié, se retrouve dans le chômage, il était habitué à occuper ses journées en allant travailler et c'est en dehors du temps de travail qu'il avait des contacts avec les autres. Donc, du coup, pendant cette période transitoire-là, la personne peut se retrouver dans une situation de solitude.

Par exemple, à la suite aussi d'un divorce, on peut se retrouver transitoirement dans une situation de solitude, jusqu'au moment où on va nouer de nouvelles relations.

Aussi à la suite, par exemple, d'un deuil, on peut être dans une situation de solitude, mais aussi à la suite d'un déménagement. Par exemple, je suis à Ouagadougou, j'ai beaucoup de relations, j'ai un carnet d'adresses très développé, mais cela se cantonne géographiquement dans la ville de Ouagadougou. Imaginez qu'on m'affecte à Dori.

En tout cas, pendant un temps transitoire, je serai dans une situation de solitude jusqu'à ce que je m'habitue aux habitants de Dori, que se mette en place des relations avec les uns et les autres. Donc, vous voyez, il y a des situations non-psychologiques aussi qui peuvent amener des gens à vivre des situations de solitude. Mais sinon, fondamentalement, pour que la solitude puisse amener même à la souffrance, ce sont des causes psychologiques.

Alors que les conséquences psychologiques génèrent de la solitude permanente. Les autres causes provoquent souvent de la solitude temporaire.

Quand on a des soucis, quand on a des difficultés, quand l'esprit est accaparé par des problèmes qu'on compte résoudre, quand nous sommes en situation de résolution des problèmes, même quand on est dans une situation de groupe, assez souvent, on est ailleurs. C'est pourquoi on dit qu'on a l'impression que la personne est présente de corps, mais absente d'esprit.

Donc, en ce moment-là, on ne se préoccupe pas de ces problèmes. Donc, on est dans une situation de solitude, même si on est bien entouré, même quand on est avec les autres.

Généralement, quand c'est comme cela, le réflexe, c'est d'interpeller la personne. Quels sont vos problèmes? Est-ce que je peux vous être utile? Voilà des questions qu'on devrait poser à des personnes qui sont dans ces situations-là. Cela peut les aider à évacuer, à verbaliser leurs problèmes et à interpeller les autres pour pouvoir les assister. En tout cas, c'est une situation de solitude. Dans une situation de couple, quand on note cela déjà, cela suppose qu'il y a quelque chose qui ne va pas. L'un des conjoints peut se sentir seul malgré tout.

Simplement parce qu'on se rend compte qu'il n'y a pas de l'écoute. Donc, dans un couple, pour que dans une situation sociale, l'autre puisse parler de ses problèmes avec les autres, il faut que la personne soit en confiance. Que la personne se rende compte qu'il y a un contexte d'écoute et éventuellement de conseils. Et cela va favoriser la communication.

Mais, quand on a l'impression que quand on va exposer ses problèmes, la réaction serait violente. En ce moment, on n'a pas la volonté ferme de dévoiler ses problèmes, de se livrer, d'exposer ses problèmes aux autres.

Donc il faut forcément que la personne se rende compte qu'en face d'elle, il y a une situation d'empathie possible. Qu'il y ait quelqu'un en mesure de se mettre à sa place, de l'écouter et de la conseiller.

La solitude génère des conséquences énormes telles que, l'anxiété, le stress, des insomnies et de la dépression.

Il est conseillé à la personne de s'ouvrir aux autres, de mener par exemple des activités sportives. Déjà, cela permet d'avoir confiance en soi-même, de retrouver l'estime de soi, et cela redynamise.

Mais aussi, il faut essayer de fréquenter d'autres personnes, d'avoir des activités récréatives, d'aller à la rencontre des autres, de se distraire, de se détendre, de communiquer avec les autres, de ne pas rester enfermé dans une maison ou bien de rester cloîtré sur soi-même, mais il faut sortir, rencontrer les autres. C'est ce qu'on peut dire. Cela veut dire qu'il faut prendre conscience de sa situation et puis essayer d'avoir la volonté de s'ouvrir aux autres, d'aller vers les autres et de ne pas avoir peur de nouer des contacts avec les autres.

Il faut permanemment s'investir dans les événements sociaux, agréables comme désagréables de la vie sociale. Cela veut dire que quand les autres ont des problèmes, des événements heureux ou malheureux, quand on s'investit, quand soi-même on a des problèmes, les autres aussi viennent vers vous.

Donc si on ne le fait pas, cela veut dire qu'à un certain moment donné. Par exemple, je vais prendre l'exemple de la vie actuelle où il y a des gens qui ne pensent qu'au travail. Généralement ces gens-là, dès qu'il y a un chômage, un jour, la personne se trouve dans la solitude totale. Parce que la personne n'avait comme activité principale, comme unique activité que le travail.

À partir du moment où la personne n'a pas pris le temps de nouer des contacts avec les autres, à partir du moment où l'activité professionnelle n'est plus là, la personne se retrouve isolée du reste du monde. Donc il faut éviter d'être monovalent, d'avoir que le boulot en tête. À côté du boulot, il y a la vie.

Il est primordial de prendre soin de sa santé mentale autant que de sa santé physique, et rompre l'isolement peut contribuer à améliorer durablement le bien-être.

En termes de conseils pour briser l'isolement :

• S'inscrire à une activité de groupe : les activités sportives et de pleins airs ne sont qu'un exemple des nombreuses activités qui sont proposées. Tournez-vous vers les centres associatifs pour vous renseigner.

• Faire du bénévolat dans une organisation dont vous partagez les valeurs : le milieu associatif est toujours à la recherche de bénévoles. C'est une manière de rencontrer d'autres personnes qui partagent des intérêts communs avec les vôtres.

• Aller à la rencontre de personnes qui vivent la même situation d'isolement que vous : n'oubliez pas qu'une part importante de la population subit actuellement de la solitude.

Chaque personne est différente et d'autres pistes existent. À vous de trouver la ou les solutions qui vous conviennent le mieux. Cependant, si la solitude est une source de grande souffrance, n'hésitez pas à consulter un psychologue, qui peut vous accompagner afin de mieux comprendre les causes de votre isolement tout en réduisant les souffrances qui y sont liées.

CHAPITRE VIII : INCESTE

En dépit des prohibitions théoriques, les victimes d'inceste, généralement des filles, sont nombreuses dans toutes les sociétés, les agresseurs étant dans une grande majorité des pères de famille ou frères aînés. Les incestes commis par des mères sur leurs fils sont notoirement difficiles à repérer et sous-estimés, mais entraînent les mêmes souffrances chez les victimes. Ces souffrances, peu visibles au moment de l'acte, le deviennent surtout à l'âge adulte, à travers des tentatives de suicide et conduites addictives.

L'inceste désigne une relation sexuelle entre des personnes qui ont un lien de parenté tel que leur mariage serait illégal. Cela peut inclure les relations par le biais du mariage ou de l'adoption. Il y a inceste lorsqu'une personne a des relations sexuelles avec un membre de sa famille, ce qui est interdit. Alors, qu'est-ce qui peut pousser quelqu'un à commettre un inceste ?

Des contextes tels que la proximité associée à une défaillance au niveau de la socialisation, de l'éducation favorisent l'inceste.

Normalement, naturellement on doit être orienté vers des partenaires qui sont hors de notre famille. Mais si au sein de la même famille entre frère et sœur, entre père et fille ou entre mère et un de ses enfants il y a des rapports sexuels, c'est véritablement une dépravation, c'est une pathologie, c'est une anormalité.

Mais c'est vrai qu'il peut avoir des relations avec des cousins, des neveux par rapport à certaines ethnies. Mais là, comme il n'y a pas des liens directs, cela peut se comprendre. Mais de façon directe, de façon consanguine, il ne devrait pas avoir des rapports sexuels entre les membres d'une même famille.

Vous savez que quelle que soit la familiarité qu'on a avec quelqu'un, il faut proscrire la nudité, on ne doit pas s'exposer vis-à-vis de ses frères et de ses sœurs ou de membres quelconques de la famille. Il y a un certain nombre de propos qu'on ne doit pas tenir avec les membres de sa famille. Il y a des images ou des photos ou des films pornographiques qu'on ne peut pas se permettre de regarder avec les membres de la famille. Ce sont des facteurs entrainant l'inceste.

C'est-à-dire que si, par exemple, les deux se mettent dans des situations d'excitation et quand on sait qu'il y a une situation d'excitation, on ne se contrôle plus. On peut, à ce moment succomber à l'inceste, c'est-à-dire que sans l'avoir voulu intentionnellement.

Donc il faut éviter toutes les situations à risque. Par exemple, regarder ensemble des films pornographiques, s'envoyer des images pornographiques ou bien avoir des discussions sur le sexe de façon approfondie, de façon détaillée. Tous ces éléments-là ne devraient pas avoir lieu.

Notons aussi des cas d'inceste commis par le viol. Il y a des cas d'inceste commis aussi par consentement mutuel. Il y a des conséquences psychologiques, surtout si l'inceste a été réalisé à la suite d'un viol, c'est-à-dire que forcément, il y a des effets sur la personne, sur sa personnalité.

Il y a des conséquences psychologiques. Il y a des conséquences sur la relation entre la personne et la vie sociale. C'est-à-dire comment la personne va désormais avoir des relations avec les partenaires, les relations sexuelles équilibrées.

Les sentiments de culpabilité, de honte, de frustration, de dégoût habitent la personne jusqu'à la dépression.

La personne peut, à un moment donné, vouloir se suicider à la suite d'un tel événement. Ou, en tout cas, cela peut amener la personne à avoir une attitude de méfiance par rapport au partenaire du sexe opposé désormais. Et puis, cela peut amener quelqu'un aussi à ne pas avoir une vie sexuelle harmonieuse désormais.

Donc, dès que l'acte sexuel doit se réaliser la personne revit c'est la situation de viol et de l'inceste.

La personne a du mal à s'affirmer dans la vie. La personne se recroqueville, devient une personne timide, une personne retranchée, une personne introvertie.

Maintenant, si c'est de façon consentante, même là aussi, cela peut amener la personne à avoir des troubles de comportement. Même en étant adulte, la personne va avoir des cachoteries, des comportements inappropriés.

Mais au cas où l'inceste aboutit à une grossesse, l'identité de cet enfant issu de l'inceste, quelle sera son identité en fait? La situation devient extrêmement compliquée.

Déjà, l'inceste est un problème. Et l'inceste qui aboutit à une grossesse, véritablement, c'est un problème difficile à gérer et dans la plupart des cas cela se termine par des avortements.

Et si ce n'est pas l'avortement, si on n'arrive pas à avorter, il y a un problème d'identité. Assez souvent, ce sont les mensonges qui entourent l'identité de l'enfant.

Cela veut dire que assez souvent, la fille qui est enceinte de son papa ou d'un de ses frères. Assez souvent, on trouve un alibi afin que la fille arrive à avoir un autre rapport sexuel et puis la personne est accusée d'être responsable de la grossesse. Donc, assez souvent, on trouve un bouc émissaire pour faire supporter la grossesse si on n'arrive pas à avorter.

Souvent, les filles jettent les enfants. Après naissance, ou alors, si l'enfant est là, on trouve un nom qu'on placarde à l'enfant. Si son papa n'est pas parti à l'extérieur, depuis la grossesse, le papa n'est plus resté dans le pays.

Donc, on trouve des mensonges, on trouve des alibis, on trouve des propos pour camoufler un peu la réalité. En aucun moment, c'est difficile que le père reconnaisse qu'il est le père de l'enfant, si c'est le père qui est à l'origine de la grossesse de sa fille, ou le frère difficilement arrive à reconnaître qu'il est son enfant. Donc, l'identité de l'enfant est en cause.

Et imaginez-vous, si cet enfant-là, à un certain moment, découvre cela, il sera marqué toute sa vie et c'est un enfant troublé.

L'inceste est un sujet difficile dans nos communautés africaines, mais il peut être prévenu. La clé réside dans :

• La vigilance parentale,
• Une éducation sexuelle protectrice,
• La formation des leaders communautaires,
• Et le courage d'agir lorsque l'enfant donne un signe d'alerte.

CHAPITRE IX : EXCISION

L'excision est la mutilation génitale féminine qui consiste en une ablation du gland du clitoris, souvent associée à une ablation d'une partie des petites lèvres de la vulve. Elle affecte dangereusement la santé et le bien-être des filles et des femmes, constituant ainsi une atteinte aux droits les plus élémentaires de la fille et de la femme, droits à la santé, droits à l'éducation, au bien-être, à l'intégrité physique et morale.

Cette mutilation a des conséquences physiques importantes, mais aussi psychologiques. Elle n'est une recommandation ni de l'islam, ni du christianisme, ni d'aucune des religions révélées. Des mécanismes juridiques sont certes pris dans certains pays, notamment au Burkina Faso, où une loi a été adoptée en 1996, mais le phénomène perdure.

L'Organisation mondiale de la Santé distingue 4 types de mutilations sexuelles féminines :

- La clitoridectomie : ablation partielle ou totale du clitoris.
- L'excision : ablation partielle ou totale du clitoris et des petites lèvres, avec ou sans ablation des grandes lèvres.
- L'infibulation : rétrécissement de l'orifice vaginal par ablation et accolement des petites lèvres et/ou des grandes lèvres, avec ou sans ablation du clitoris.
- Les formes non classées de mutilation sexuelles féminines : toutes les autres interventions nocives ou potentiellement nocives

pratiquées sur les organes sexuels féminins à des fins non thérapeutiques.

L'honneur familial et les normes sociales jouent un rôle très important dans la perpétuation des mutilations sexuelles féminines : même quand les familles sont conscientes des dangers de la pratique, elles craignent les jugements des autres et perpétuent alors l'excision. Souvent, le désir de protéger les jeunes filles et la volonté de leur offrir le meilleur avenir possible (acceptation sociale, sécurité économique) sont les moteurs principaux de maintien de la pratique.

On parle beaucoup plus souvent des conséquences sur la santé physique de la personne, il faut insister sur les multiples conséquences psychologiques, notamment les sentiments de trahison. Lorsque la fille a été entraînée vers l'excision sans son consentement et on a fait miroiter peut-être une fête ou rendre visite à des parents et à l'occasion, on profite pour exciser la fille.

Il peut aussi avoir un sentiment de perte de confiance en soi. Il peut avoir aussi un sentiment de frustration à la suite de l'excision. Il peut même y avoir un traumatisme, quand la femme a subi l'excision à un certain moment donné, il y a la mémoire de la douleur de l'événement.

Donc quand la femme doit avoir affaire à un homme, inévitablement, il y a l'activation de ses souvenirs. Et cela peut freiner ou en tout cas rendre difficile les rapports entre la femme et l'homme. Autrement dit, la femme peut avoir peur de s'engager dans une relation qui peut aboutir à des relations intimes. Elle a tendance à fuir les relations avec les hommes.

Les rapports sexuels en ce moment deviennent une sorte de phobie. Et à la nuit tombée, on voit des femmes qui sont stressées effectivement, qui ont peur d'aller au lit.

Mais n'oublions pas que l'excision, étant donné qu'il y a les souvenirs de la douleur, il y a la mémoire de la douleur, donc la femme, au moment du contact sexuel, peut avoir beaucoup d'angoisse, peut avoir la peur du contact sexuel. Donc la femme a du mal à s'engager sexuellement.

Parfois, cela peut aller même jusqu'à des violences. La femme peut être agressive vis-à-vis de l'homme, parce que faire les rapports sexuels, c'est pénible pour la femme. Cela devient une obligation au lieu d'être un plaisir. En ce moment, la femme se sent obligée de subir en quelque sorte l'acte sexuel. Elle ne connaît pas l'orgasme et cela peut jouer aussi dans le couple.

Il n'y a pas de statistiques précises au Burkina et ailleurs, à la suite de l'excision, à la suite d'un certain nombre de comportements de retrait de la femme relativement au rapport sexuel, il y a beaucoup de couples qui se sont dissolus à la suite de cela, parce que au moment du rapport sexuel, au lieu de sentir du plaisir, au lieu de participer à donner du plaisir à l'homme, la femme sent beaucoup plus de la douleur, de la souffrance. Le conjoint peut développer un sentiment de culpabilité vis-à-vis de sa partenaire. Qu'est-ce que je vais apporter comme douleur ou comme souffrance à la femme ? Donc à un certain moment donné, il y a certains hommes qui décident de se séparer de leurs compagnes ou de leurs femmes, parce que la situation étant pénible jusqu'à ce point-là, autant se séparer, chacun va aller chercher son bonheur ailleurs. Au-delà de tout cela, si le divorce n'est pas consommé, l'homme peut avoir tendance à aller voir ailleurs.

Les actions visant à promouvoir l'abandon des Mutilations Sexuelles Féminines (MSF) doivent impérativement être adaptées aux contextes locaux et tenir compte des sensibilités culturelles propres à chaque communauté. En effet, une approche uniforme ne peut pas répondre efficacement à la diversité des réalités sociales et culturelles sur le continent africain et ailleurs.

Cependant, certaines pratiques clés ont démontré leur efficacité et jouent un rôle décisif dans les processus d'abandon de l'excision. Ces pratiques agissent à plusieurs niveaux :

- Au niveau communautaire :
  - L'éducation et la sensibilisation menées par des leaders locaux respectés, incluant des chefs traditionnels, religieux et des femmes influentes, permettent de modifier les perceptions et les normes sociales autour des MSF.
  - La mise en place de groupes de dialogue et d'échange où les membres de la communauté peuvent discuter ouvertement des risques sanitaires et des droits humains liés aux MSF.
  - L'implication des jeunes générations dans ces discussions, car elles sont souvent porteuses du changement culturel.
- Au niveau national :
  - L'adoption et l'application de lois interdisant les mutilations sexuelles féminines, qui créent un cadre légal dissuasif.

- Le développement de politiques publiques et de programmes de santé qui offrent des services de prise en charge pour les victimes et des campagnes de prévention.

- La collaboration entre gouvernements, ONG, organisations internationales (comme l'UNFPA et l'UNICEF), et acteurs locaux pour renforcer l'impact des actions sur le terrain.

Ces démarches combinées contribuent à créer un environnement favorable à l'élimination des MSF, en s'appuyant sur le respect des droits humains et la protection de la santé des filles et des femmes. Elles illustrent que la réussite des processus d'abandon repose à la fois sur des pratiques culturellement sensibles et sur un engagement fort des acteurs à tous les niveaux.

Comment peut-on amener une femme excisée à avoir confiance en elle ? C'est à ce niveau que la psychologie peut être très utile. Techniquement la patiente doit s'adresser à un psychologue, qui doit remonter l'histoire de la personne, essayer de trouver avec des outils et des aides psychologiques amener la personne, avoir des rapports de confiance avec les hommes, essayer de retravailler son passé pour en tirer des aspects positifs et essayer de négliger ou en tout cas de minimiser les aspects négatifs.

En tout cas, permettre à la personne d'avoir une haute estime de soi. Parce que généralement, à la suite d'une excision, la fille ou la femme est en mesure de vivre un complexe d'infériorité. La femme se demande est-ce que je suis comme les autres, notamment quand la femme ou la fille côtoie beaucoup d'autres filles ou d'autres femmes qui n'ont pas été excisées et qui partent de l'expérience sexuelle avec plaisir, avec un certain nombre d'agréments.

Légitimement, la femme se demande, mais décidément, qu'est-ce qu'on a fait de moi ? Qui suis-je ? Comment je vais être là ? Donc la personne commence à se poser une multitude de questions. Culpabilise ses parents, se culpabilise par rapport aux autres femmes. Elle ne se sent plus entière.

Elle a été diminuée, il y a quelque chose qui est parti de sa personnalité, de sa féminité, plus précisément.

CHAPITRE X : HOMOSEXUALITÉ

L'homosexualité est un sujet sensible et complexe en Afrique, où les croyances sociales, culturelles et religieuses influencent fortement la manière dont la sexualité et l'identité personnelle sont perçues. Au Burkina Faso, même s'il n'existe aucune loi spécifique interdisant les relations consenties entre adultes, l'homosexualité est encore largement considérée comme honteuse et contraire aux valeurs traditionnelles. Cette vision entraîne souvent des malentendus, de la peur et parfois de la discrimination. Dans un contexte où les discours publics évoluent lentement, le principal défi consiste à trouver un équilibre entre le respect des droits humains, les réalités culturelles locales et une meilleure compréhension de la diversité sexuelle. Aborder le sujet de l'homosexualité au Burkina Faso nécessite une approche prudente, respectueuse et bien informée afin d'encourager un dialogue constructif et pacifique.

L'homosexualité désigne le fait qu'un homme ou une femme soit attiré sexuellement et émotionnellement par une personne du même sexe. Pour un homme, cela signifie être attiré par un autre homme, et pour une femme, être attirée par une autre femme. Pendant longtemps, les gens ont cru qu'il s'agissait d'une maladie ou d'un problème. On a même pensé parfois que ces personnes-là sont habitées par des démons.

Avec les recherches actuelles, les connaissances actuelles montrent que l'homosexualité n'est pas une maladie. L'homosexualité peut être un choix de vie. Parfois même il y a des gens qui naissent avec une orientation homosexuelle, de l'enfance et en grandissant la personne va se rendre compte que l'orientation est beaucoup plus homosexuelle.

Sur le plan psychologique, l'homosexualité n'est ni une maladie, ni une déviance, ni un trouble ; elle est reconnue comme une variabilité normale de la sexualité humaine par toutes les grandes organisations scientifiques internationales.

L'homosexualité peut être due à des perturbations au niveau de l'éducation de l'enfant, notamment par l'absence d'un des deux parents, par la non implication dans l'éducation de l'enfant d'un des deux parents.

De ce fait-là, l'enfant peut être amené à avoir une orientation sexuelle, homosexuelle, une orientation vers les personnes du même sexe pour combler le vide. Pour ne pas être technique, c'est lié au complexe des d'œdipe. Vous savez que le complexe d'œdipe montre que généralement, le garçon développe des sentiments envers sa mère et prend son papa comme ennemi et vice-versa pour la fille, sentiment envers le papa et concurrence avec la maman.

Mais il faut que les deux parents soient là pour l'éducation de l'enfant. Mais si l'un de deux démissionne, cela veut dire que cela peut être une absence psychologique, mais cela peut être une absence physique. Les parents peuvent être présents mais ne pas du tout s'intéresser à l'enfant. Ne pas l'écouter, ne pas l'assister.

La science à montrer aussi que des perturbations hormonales peuvent être à l'origine de l'orientation sexuelle de l'enfant et cela est observable dès la petite enfance. Le petit garçon est efféminé et la petite fille avec l'allure d'un garçon

Mais de plus en plus maintenant, il y a des questions d'opportunité économique. Il y a certaines personnes qui se donnent à l'homosexualité pour satisfaire des touristes qui sont là pour pouvoir bénéficier d'un certain nombre de devises.

Parce que quand on parle de l'homosexualité, il faut entendre un individu qui a des relations sexuelles exclusivement avec personnes de son sexe, ce sont des homosexuels exclusifs. A savoir qu'il y a des gens qui sont pleinement homosexuels, qui n'ont qu'une vie homosexuelle. Cela veut dire que quand la personne doit assouvir ses besoins sexuels, c'est avec des personnes du même sexe.

Mais à côté de cela, il y a des homosexuels aussi occasionnels. Autrement dit, la personne est homosexuelle, mais ce ne l'empêche pas d'avoir des relations hétérosexuels. Assez souvent ce sont en réalité des homosexuels qui n'arrivent pas à s'assumer vis-à-vis de la société. Dès que les opportunités se présentent pour vivre son homosexualité, la personne s'adonne.

Mais comme la personne veut sauver sa face vis-à-vis de la société, la personne peut se marier même légalement. Lorsque des occasions se présentent, la personne vit son homosexualité.

Mais il faut savoir aussi qu'il y a des homosexuels par opportunité. Ceux qui s'adonnent à cela pour faire face à la précarité et pour essayer d'avoir du gain. Par exemple, pour pouvoir aller en Europe, pour pouvoir plaire à des touristes occidentaux.

Au Burkina, si on tient compte de nos religions importées, que ce soit la religion musulmane, que ce soit la religion catholique, que ce soit même la religion traditionnelle, l'animisme, l'homosexualité n'est pas tolérée par ces religions. Et même culturellement, on a tendance à dire que l'homosexualité a toujours existé de tout les temps Même si c'est vrai, cela a toujours existé dans la clandestinité. Mais le fait que officiellement, les défenseurs de ces religions ou les défenseurs de la tradition puissent accepter l'homosexualité, n'est pas pour demain.

C'est vrai qu'il faut avoir un esprit de tolérance. Parce que la personne n'a pas choisi son orientation sexuelle.

Mais force est de constater que dans nos traditions, dans nos réalités, l'homosexualité n'est pas encore acceptée. Cela est encore plus marqué pour les personnes qui sont dans le milieu rural.

De façon générale, en Afrique, ils sont marginalisés, négligés, ils sont même violenter jusqu'à de l'homicide

Mais c'est vrai qu'il y a des milieux où ils sont plus à l'aise, dans les milieux artistiques, dans les milieux de la mode, ils s'y sentent mieux. Mais dans les autres milieux professionnels, et dans la vie de tous les jours, ce n'est pas toujours évident de vivre son homosexualité sous nos cieux, à plus forte raison de parler de mariage homosexuel.

Il est indiqué de consulter un psychologue en cas d'observation de tendance homosexuelle dans la famille.

En effet, la découverte de l'homosexualité provoque, souvent :

- Des conflits,

- De la colère,

- De l' incompréhension,

- De la dépression,

- Le psychologue aide à dialoguer, à réduire la souffrance et à éviter des ruptures irréversibles.

CHAPITRE XI : PROSTITUTION

La prostitution est un sujet controversé qui fait intervenir des intérêts, des valeurs et des problèmes complexes et contradictoires. D'entrée de jeu, elle est du domaine du féminin, des libertés individuelles et de l'ordre public. Elle soulève des questions relatives à la moralité ainsi qu'aux droits et aux libertés.

Certains croient que s'attaquer uniquement aux aspects les plus visibles et les plus offensants de la pratique du plus vieux métier du monde ne fera que déplacer le problème et que les prétendues conséquences nuisibles de la prostitution découlent moins de sa nature intrinsèque que de notre attitude et de notre conduite ambiguë face à elle. La prostitution suscite des débats passionnés.

La prostitution consiste à offrir son corps à d'autres personnes à des fins sexuelles en échange d'argent, ce qui en fait un métier. La forme la plus courante consiste à offrir son corps et des services sexuels contre de l'argent. Cependant, cela peut également se faire en échange d'autres choses, comme un logement, des cadeaux, de la nourriture ou même un statut social au sein d'un groupe.

En réalité, facteurs psychologiques et moraux (paresse, goût de la vie facile) s'imbriquent toujours. Toujours y sont associées la misère et la solitude, qui sont les deux grandes causes de la prostitution.

Elles peuvent développer des symptômes de stress post-traumatique, tels que des flashbacks, des cauchemars, ainsi qu'une faible estime d'elles-mêmes, de la honte, de la culpabilité et des difficultés à faire confiance aux autres.

Pourquoi dit-on que la prostitution est le plus vieux métier du monde ? C'est vrai que c'est le terme consacré et ce n'est pas de façon gratuite parce que depuis que le monde est monde, c'est vrai que les gens ont voulu profiter de leur charme pour acquérir des avantages, pour acquérir des positions, pour acquérir des biens. Donc la prostitution a toujours existé sous plusieurs formes.

D'une part sous la forme que nous connaissons aujourd'hui. Mais c'est vrai que pendant très longtemps, les gens ont profité de leur beauté, notamment les femmes. Mais ce n'est pas toujours vrai parce qu'il y a des hommes aussi, même depuis très longtemps aussi, qui ont essayé de séduire la jeune féminine par leur beauté pour acquérir des avantages, des positions, un certain nombre de bénéfices.

De tous les temps, les gens monnayent leur charme. Si on regarde l'actualité, on se rend compte que quand on parle de prostitution, les gens ne voient d'emblée que des femmes qui sont dans la rue, les prostituées qui sont sur les tabourets, dans la rue. C'est vrai que cela c'est la forme la plus élémentaire, la forme la plus classique.

Mais n'oublions pas aussi que de plus en plus aussi, on rencontre des prostituées dans des endroits spécifiques.

Il y a aussi dans les boîtes musicales, on trouve aussi des prostituées là-bas. Mais ce qu'on oublie de dire aussi, c'est que même dans la journée, parfois dans les services, sous prétexte de venir vendre tel ou tel bien, il y a des femmes qui profitent de ces biais là aussi pour faire de la prostitution, pour profiter, mettre en exergue leur charme et puis monnayer leur charme.

Donc il y a plusieurs formes de prostitution. Donc en un mot, la prostitution c'est monnayer son charme, son corps. C'est en contrepartie d'un avantage de son corps qu'on donne à autrui et puis on prend de l'argent ou un autre bien quelconque.

De plus en plus, l'homosexualité est en train de s'installer dans nos cultures. Et on voit de plus en plus des hommes qui se prostituent auprès d'autres hommes pour avoir des avantages, des biens, un certain nombre de profits. Cette forme est en train de prendre beaucoup plus d'ampleur autant que la prostitution féminine.

Il faut aussi ajouter ce qu'on appelle les petits pompiers. Cela veut dire qu'il y a des jeunes hommes aussi qui sont courtisés par des femmes mariées. Et en contrepartie, davantage d'argent ou bien des logements, d'alimentation.

C'est vrai que la pauvreté n'explique pas mal de prostitution, mais il n'y a pas que cela. Notamment dans le domaine psychologique, quand on prend l'individu.

Pourquoi un individu bascule dans la prostitution ? Bien sûr, beaucoup de personnes peuvent être confrontées à la pauvreté, mais toutes ces personnes ne basculent pas dans la prostitution.

Donc psychologiquement, nous nous disons que les personnes qui se prostituent sont des personnes qui sont en souffrance, qui ont des problèmes, qui ont été maltraitées parfois dans leur enfance.

Et généralement, dans la littérature, on a estimé que les personnes qui ont subi des viols, de l'inceste ou de l'abus sexuel, généralement, ces personnes-là, quand ces situations n'ont pas été bien gérées, quand la personne traîne des maux de son enfance jusqu'à l'âge adulte, cette personne peut être privée de sentiments. Donc, c'est essentiellement, psychologique, la souffrance psychologique qui peut amener la personne à la suite des maltraitances, d'abus sexuels, de violences psychologiques, des viols, un certain nombre d'éléments qui peuvent amener quelqu'un (e) à s'adonner à la prostitution.

En tout état de cause, généralement, la personne qui a été maltraitée, qui a été dévalorisée, la personne, maintenant, parce que même dans la prostitution, on a besoin de séduire. Donc, quand la personne s'est vendre son charme, la personne peut amener beaucoup de clients. Donc, cela permet à la personne d'avoir une compensation par rapport à la situation mal vécue pendant son enfance ou pendant une vie antérieure.

Donc, voilà psychologiquement ce qu'on peut dire. Généralement, les personnes qui tirent plaisir à faire de la prostitution sont les personnes qui ont besoin de ces instants-là pour se valoriser, pour se mettre en valeur, pour essayer, en tout cas, de tirer profit de cela, pour avoir une certaine existence. Oui, tout à fait, parce qu'il y a dans certains pays au nord de l'Afrique, par exemple, une fois que la femme a perdu sa virginité, cela peut être une cause psychologique pour elle de sombrer dans la prostitution.

Et on constate aussi de plus en plus avec internet, il y a une forme de prostitution aussi. Internet, maintenant, amplifie le phénomène. Vous savez qu'il suffit d'ouvrir n'importe quel site, d'écrire un peu, vous allez avoir des correspondants de partout qui vont vous répondre.

Et par ces biais-là, on peut établir des contacts, la prostitution est devenue très facile. Il suffit d'un clic, d'échanger pendant cinq minutes, vous vous fixez des rendez-vous et c'est parti. Vous ne le connaissez pas, la personne ne vous connaît pas, vous avez un instant de bonheur ensemble et puis après, on disparaît.

Les réseaux socionumériques encouragent beaucoup plus la prostitution parce que les prostituées n'ont pas besoin d'établir des relations d'affinité ou de sympathie avec les partenaires. Alors par les biais d'Internet, les relations occasionnelles sont plus faciles. Parfois, c'est des correspondants qui sont hors du pays.

Parfois, on vous demande de donner votre passeport, on veut vous faire aller en France ou en Allemagne et arrivé là-bas, on prend tous vos papiers et on vous contraint à ce métier-là. Voilà, c'est vrai qu'il y a des dérives aussi.

IL peut y avoir la complicité des parents, souvent la maman qui prend de l'argent et qui donne sa fille à quelqu'un. Voilà, c'est vrai que cela c'est un problème. C'est une forme de prostitution.

C'est une forme de prostitution qui est très grave parce qu'on ne donne pas de bon modèle. Cela veut dire qu'il y a un déficit d'éducation.

De plus en plus dans des familles pauvres, il y a une fille qui est charmante, peut-être elle est amoureuse d'un garçon qui n'a pas d'argent. On va dire, mais qu'est-ce que tu fais avec ce bonhomme-là? Ses parents sont pauvres, qu'est-ce qu'il peut t'apporter? Alors qu'il y a tel monsieur avec sa voiture, qui est nanti, qui peut nous sauver des situations, qui peut nous permettre d'avoir de l'argent, de bien manger. Si tu ne vas pas avec ce monsieur, il ne m'adresse plus la parole.

Donc cela veut dire que le poids de l'argent a fait de telle sorte que nos valeurs sont en train de s'écrouler. Et qu'il y a des mamans même qui orientent, qui encouragent et qui jettent leurs filles dans les bras des hommes nantis.

Autre exemple, certaines jeunes filles, pour avoir de bonnes notes, elles se laissent aller avec soit le professeur ou le directeur de l'école, et tout cela cde sont des formes de prostitution.

Le phénomène exista aussi dans le milieu professionnel où il y a des jeunes femmes qui essaient de séduire les responsables hiérarchiques pour gravir les échelons. C'est pourquoi on parle de promotion canapé.

Il y a les conséquences psychologiques mais il y a les conséquences sur le plan de la santé.

Il y a des conséquences psychologiques. Par exemple, la personne qui commence cela, on l'a bien dit, à cause de la souffrance psychologique, c'est pour se valoriser.

Mais au fur et à mesure, la personne va se rendre compte que les clients viennent pour la dévaloriser, en fait la faire faire des choses, en contrepartie de l'argent, on la traumatise, on l'utilise comme un objet. Parce que c'est un métier qu'on ne peut pas valoriser, qu'on ne peut pas proclamer. On ne peut pas dire que mon métier c'est être prostitué. Donc rien qu'à cela, c'est un problème.

Au fure et à mesure la personne se trouve dans une dépendance. La personne a du mal à sortir de ce cercle-là. Parce que c'est une solution de facilité.

C'est pourquoi on dit généralement aussi, en termes de causes aussi, que c'est les filles paresseuses aussi qui s'adonnent facilement à la prostitution. Le gain facile. Les partisans du moindre effort.

Du moindre effort, il suffit de d'écarter les cuisses et les pieds pour avoir gain de cause.

Il y a plusieurs formes de prostitution maintenant et les gens sont de plus en plus rusés. On devient de plus en plus astucieux, on trouve des parades. On ne s'assoie plus devant la rue, on ne prend plus la moto tout le temps pour circuler, pour chercher des clients.

On trouve des parades, on passe par des cérémonies, on va en boîte où danser, on est seul. Et quand on vient vous accrocher, vous dites non, je suis seul, qu'est-ce que vous voulez. Donc il y a des techniques maintenant d'approche que les gens développent pour attirer du monde.

 La prostitution semble se présenter comme un mal nécessaire, en éliminant la prostitution, on crée d'autres problèmes. Il y aura des viols, il y aura d'autres problèmes parce qu'il y a des gens qui par timidité, par manque de relations, ils se rabattent sur les prostituées pour essayer d'assouvir les besoins sexuels.

Les gens vont aussi pour assouvir des fantasmes que leur femme refuse de leur apporter à la maison. Par exemple, la femme dit non moi je ne peux pas adopter telle position, moi je n'aime pas la sodomie, moi je ne peux pas te faire la fellation. Alors que la prostituée, en contrepartie du doublement du tarif ou du triplement du tarif, peut céder.

Les prostituées jouent des rôles de services sociaux et psychologiques. Parfois, il y a des hommes aussi qui vont chez les prostituées pour raconter leurs souffrances.

Ce qu'ils ne peuvent pas dire à leur femme. Parce qu'il y a des gens qui ont des problèmes d'éjaculation précoce ou des problèmes d'érection. Donc avec la prostitution, on va dire non, aide-moi à trouver des solutions.

Les puceaux passent chez les prostitués pour éviter de tituber ou alors de faire de fausses manœuvres la première fois. Donc, ils se testent, apprennent auprès d'une prostituée.

Si on doit conserver les maisons closes, faire en sorte qu'il y ait des règles pour l'hygiène et certaines précautions à prendre. Mais on ne peut pas éliminer. Si on élimine, on ne fait que déplacer le problème.

Parce que les gens n'abandonnent pas la pratique. Mais les gens trouvent d'autres solutions. Donc il faut mieux organiser le métier.

Et puis même l'Etat en tirer profit. En taxant, on peut essayer d'investir, on peut essayer d'organiser le métier.

C'est vrai que la prostitution est souvent en relation avec le trafic de drogue, la criminalité.

Pour faire face à la prostitution, on peut soutenir les personnes en leur offrant des solutions de sortie comme l'hébergement, l'insertion professionnelle, un accompagnement psychologique et juridique, et un accès aux soins.

Des organismes spécialisés et des lignes d'aide sont disponibles pour accompagner ces individus. D'autres approches incluent la prévention, l'éducation à des relations saines, et le soutien aux victimes de traite et de proxénétisme.

CONCLUSION GENERALE

Dans cette première partie dédiée à l'amour, à la famille et aux relations entre personnes, nous avons exploré quelques-uns des thèmes les plus délicats, les plus personnels et souvent les plus pénibles de la vie de tous les jours. Ces questions, même si elles concernent tout le monde, acquièrent au Burkina Faso une teinte spécifique, influencée par notre culture, nos coutumes, nos principes familiaux et les grands changements sociaux qui se produisent actuellement. L'idée de ces chapitres ne consistait pas à apporter des jugements, et encore moins à offrir des réponses prêtes à l'emploi, mais plutôt à fournir des points de repère en psychologie pour mieux saisir ces réalités qui affectent chacun de nous.

L'amour, l'amitié et la sexualité forment vraiment la base de toutes nos relations avec les autres. Ces éléments alimentent nos plus grandes joies au quotidien. Pourtant, ils risquent aussi de causer des douleurs très vives par moments. Que ce soit une déception en amour, une trahison comme l'infidélité, un divorce difficile, ou une simple rupture sentimentale, chaque vécu émotionnel bouleverse notre stabilité intérieure. Il teste notre aptitude à affronter les choses, à nous remettre sur pied, à pardonner les fautes, ou à rebâtir du neuf. On voit bien que saisir les processus psychologiques impliqués aide beaucoup. L'attachement joue un rôle clé ici. La confiance compte énormément aussi. La communication reste essentielle dans tout ça. L'estime de soi influence le reste. Comprendre ces aspects permet de limiter pas mal de souffrances futures. Cela nous pousse à gérer nos liens avec une clarté accrue et une maturité plus solide.

Nous avons aussi examiné des aspects essentiels de la vie familiale. Par exemple, nous avons considéré la manière dont on accède à la parentalité. Nous avons regardé les effets psychologiques que l'adoption produit sur les personnes impliquées. Nous avons vu comment la solitude et l'isolement affectif rendent les individus plus vulnérables. Les conflits au sein de la famille peuvent sérieusement ébranler l'équilibre d'un foyer. La formation d'un enfant repose en grande partie sur la qualité des relations qui l'entourent. Au Burkina Faso, la famille forme toujours un élément clé de l'organisation sociale. Elle n'est cependant pas exempte de défauts. Elle sait protéger les siens, mais elle peut aussi causer des blessures profondes. Des cas d'inceste, d'excision, de violences domestiques, de négligence ou de ruptures familiales se produisent réellement. Ils persistent souvent dans le silence, la minimisation ou la dissimulation. Les aborder avec franchise, à travers une analyse psychologique, représente un premier geste important. Cela ouvre la voie à la prévention, à la guérison et à une meilleure protection.

D'autres sujets liés à la sexualité, comme l'homosexualité et la prostitution, suscitent souvent de la confusion, de la gêne ou des jugements moraux. La psychologie ne cherche pas à qualifier les choses de bonnes ou de mauvaises, mais vise plutôt à comprendre, expliquer et soutenir. Dans notre société, où certaines questions sont encore considérées comme taboues et où les croyances religieuses et traditionnelles influencent fortement les comportements, il est important de fournir des informations fiables et respectueuses. Reconnaître la diversité des expériences humaines ne signifie pas renoncer à nos valeurs, mais simplement considérer la réalité de manière objective afin de mieux protéger les individus et les familles.

En fin de compte, tous les sujets abordés dans cette première partie convergent vers une idée principale : nos relations humaines sont essentielles à notre bien-être mental. Ces relations peuvent nous apporter joie, force et épanouissement, mais elles peuvent aussi être source de souffrance, de traumatismes ou de ruptures. Comprendre ce qui se passe dans l'amour, l'amitié, la parentalité et la famille nous aide à prévenir les problèmes, à mieux communiquer, à résoudre les conflits sereinement et à prendre soin de nous-mêmes et des autres.

Un message clé à retenir est que tout le monde, quel que soit son âge, son statut social ou son niveau d'éducation, peut tirer profit de la psychologie. Elle n'est pas réservée aux experts ; c'est un outil quotidien qui nous aide à faire des choix, à comprendre nos sentiments, à interpréter nos réactions et à améliorer nos relations. Au Burkina Faso, où les défis sociaux, économiques et sécuritaires sont importants, il est plus important que jamais de renforcer la santé mentale et l'unité familiale.

Cette première partie jette les bases d'une approche plus large : placer les personnes, leurs émotions et leurs relations au centre de la vie sociale. Elle introduit également les sections suivantes qui aborderont d'autres sujets importants pour notre bien-être collectif, tels que la psychologie du travail, la réussite scolaire, la santé mentale, la prévention de la criminalité, la spiritualité, le développement personnel, etc.

Pour conclure cette section, j'encourage chaque lecteur à se rappeler que l'amour, la famille et les relations ne sont pas seulement des expériences personnelles. Ils sont également des occasions d'apprendre, de construire son identité et de changer intérieurement. Chacun d'entre nous peut contribuer à créer une santé mentale individuelle et collective.

BIBLIOGRAPHIE

Bourguignon, O. (2015). *Psychologie de la famille*. Dunod.

Beck, A. T. (2010). *L'amour n'est pas un jeu d'enfant*. Odile Jacob.

Berger, P. (2018). *Psychologie de la vie amoureuse*. Dunod.

Bowlby, J. (2002). *Attachement et perte. Tome 1 : L'attachement*. PUF. (Édition francelaise de référence sur la théorie de l'attachement.)

Ciccone, A., & Lhuilier, D. (2019). *Les liens familiaux*. Dunod.

Clement, J.-P. (2015). *Psychologie des émotions et des relations humaines*. Armand Colin.

Crawford, M., & Unger, R. (2016). *Psychologie des genres* (2ᵉ éd.). De Boeck.

Dioh, P. (2012). *Femmes, familles et société en Afrique*. L'Harmattan.

Durand, G., & Weil-Barais, A. (2007). *La parentalité : Approches plurielles*. Dunod.

Giddens, A. (1994). *La transformation de l'intimité*. Éditions du Rouergue.
(Version francelaise de l'ouvrage clé sur l'évolution de la sexualité et des relations modernes.)

Halpern, J.-Y. (2014). *Comprendre l'adolescence et la sexualité*. In Press.

Houdé, O. (2020). *Psychologie du développement* (7ᵉ éd.). PUF.

Kouma, D. (2010). *Espace psychologie* [Émission radio]. Ouaga FM.

Kouma, D. (2011). *Espace psychologie* [Émission radio]. Ouaga FM.

Kouma, D. (2012). *Espace psychologie* [Émission radio]. Ouaga FM.

Kouma, D. (2013). *Espace psychologie* [Émission radio]. Ouaga FM.

Le Breton, D. (2013). *La sociologie du corps.* PUF. (Utile pour les thèmes sexualité, excision, prostitution, stigmatisation.)

Levy-Soussan, P. (2016). *L'adoption : Les liens du cœur et du sang.* Odile Jacob.

Mucchielli, A. (2009). *L'entretien familial.* Armand Colin.

N'Guessan, K. (2017). *Psychologie et sexualité en Afrique.* L'Harmattan.

Pourchez, L. (2010). *Naître et grandir en Afrique : Familles, rites et développement de l'enfant.* Karthala.

Rey, A. (2015). *Psychopathologie de la vie familiale.* Dunod.

UNICEF. (2019). *La protection de l'enfant en Afrique de l'Ouest et du Centre.* UNICEF.

World Health Organization. (2020). *La violence à l'égard des femmes : Faits essentiels.* OMS.(Version francelaise validée par l'OMS.)

www.ingramcontent.com/pod-product-compliance
Lightning Source LLC
Chambersburg PA
CBHW070946230426
43666CB00011B/2585